CBLS BUSINESS LAW REVIEW

商业法评论

总第*6*集

主编／甘培忠

执行主编／郑佳宁

人民法院出版社

中国知网（CNKI）收录

北大法宝数据库收录

图书在版编目（CIP）数据

商业法评论. 总第6集 / 甘培忠主编. -- 北京 : 人民法院出版社, 2024. 10. -- ISBN 978-7-5109-4259-4

Ⅰ. D912.290.4-53

中国国家版本馆CIP数据核字第2024P6T975号

商业法评论　（总第 6 集）

甘培忠　主编

策划编辑　兰丽专
责任编辑　郭　粹
出版发行　人民法院出版社
地　　址　北京市东城区东交民巷 27 号　邮编　100745
电　　话　（010）67550562（责任编辑）　67550558（发行部查询）
　　　　　　65223667（读者服务部）
客服 QQ　2092078039
网　　址　http://www.courtbook.com.cn
E - mail　courtpress@sohu.com
印　　刷　三河市国英印务有限公司
经　　销　新华书店

开　　本　787 毫米×1092 毫米　1/16
字　　数　230 千字
印　　张　13.25
版　　次　2024 年 10 月第 1 版　　2024 年 10 月第 1 次印刷
书　　号　ISBN 978-7-5109-4259-4
定　　价　68.00 元

商業法评论

刘瑞复 题

主办单位

中国商业法研究会

协助编辑单位

广西民族大学法学院

山西财经大学法学院

西南政法大学民商法学院

吉林大学法学院

兰州大学法学院

甘肃政法大学民商经济法学院

武汉大学法学院

中国政法大学商法研究所

北京物资学院法学院

CONTENTS

目录

当期聚焦
dang qi ju jiao

间接收购模式下股东实际控制人变化时的优先购买权规则完善

马更新[*]　石艺炜[**]

摘要：在现有法律规范下，间接收购模式中的股东能否继续行使优先购买权存疑。此时，目标公司股东间的人合性遭受实质性破坏，实际意志更改的被收购后的股东公司享有行使优先购买权的决定权，但由原股东公司承担对于目标公司的股东义务，优先购买权的权利与义务主体发生了偏离。应当对股东信义义务进行扩大解释，有限责任公司的股东公司的实际控制人变更时，该股东公司须事先征得其他股东同意或及时将该事项通知公司其他股东。若股东违背该告知义务，则可以限制其行使股东权利。同时，在其他股东对外转让股权时，提高股东试图行使优先购买权的标准和限制条件，以平衡股权流转交易自由及有限责任公司人合性。

关键词：告知义务　股东优先购买权　间接收购　人合性

* 中国政法大学民商经济法学院商法研究所教授，博士生导师，中国政法大学制度学研究院研究员。

** 中国政法大学法律硕士学院硕士研究生。

一、问题的提出

在优先购买权的法律实践中，“南钢控制权转移案”引起广泛争议。2023年，复星公司与江苏沙钢集团有限公司（以下简称沙钢集团）签署股权转让协议，转让南京南钢钢铁联合有限公司（以下简称南钢钢联）的股权，在购买条件相同的情况下，南京钢铁集团有限公司（以下简称南钢集团）作为南钢钢联的股东，对这部分股权享有优先购买权。中信集团旗下的湖北新冶钢有限公司增资南钢集团，成为南钢集团的控股股东，对公司重大事项具有决定权，并决定对复星公司对外转让的股权行使优先购买权，沙钢集团认为南钢集团行使优先购买权侵犯了自身权益，以复星公司为被告向法院提起诉讼。最终经调解，双方当事人达成一致，由南钢集团作出赔偿，沙钢集团退出股权争夺战。①

虽然中信集团旗下的湖北新冶钢有限公司没有采取直接股权收购的方式成为南钢钢联的股东，而是通过增资南钢集团的方式取得了南钢集团的实际控制权，继而通过代替南钢集团行使优先购买权而成为南钢钢联的股东，在一定程度上影响了南钢钢联的人合性。“南钢控制权转移案”的争议焦点为当目标公司的某个股东的实际控制人发生变化时，在其他股东对外转让公司股权时，其是否继续享有优先购买权。

随着商事实践中多层公司的涌现，通过公司具有的独立法人人格及独立法人独立地位规避法律风险的事项时有发生，可以采取的方式也更加多样。所谓间接收购，是指收购人取得目标公司控制权的方式是直接控制其上层公司。此时，处

① 复星高科、复星产投、复星工业3家复星系公司持有南钢钢联60%股权，南钢钢联其余40%股权由南钢集团持有。2023年3月14日，复星公司与沙钢集团签署了正式的股权转让协议，交易金额被确定为135.8亿元。根据优先购买权的规定，南钢集团在同等条件下拥有复星系公司60%股权的优先购买权。2023年4月2日，中信集团旗下的湖北新冶钢有限公司拟出资135.8亿元对南钢集团进行增资，将持有其55.2482%股权，成为南钢集团控股股东并决定对复星公司拟转让的南钢钢联其余60%股权行使优先购买权，2023年8月28日，沙钢集团向上海市第二中级人民法院申请撤诉，上海市第二中级人民法院裁定批准撤诉。2023年10月13日，江苏省高级人民法院主持调解，各方达成一致，南钢集团向沙钢集团支付补偿款，沙钢集团退出本次转让，并协助办理相应股权过户手续。

于下层的目标公司的股东对外转让股权时，上述被收购公司可以行使优先购买权。此时，收购人是采用间接方式获得目标公司的股权，其通过行使优先购买权获得目标公司的大部分股权或全部股权的行为，损害了公司内部的人合性及公司外其他方公平竞争的权利，损害了公司其他股东合法权益，不利于公司正常运营。但我国《公司法》没有对此类间接收购情形下股东是否具有优先购买权作出明确规定，本文聚焦间接收购模式下的有限责任公司股东的实际控制人改变时的优先购买权，试图探讨间接收购情形下公司股东的优先购买权规则的完善路径。

二、间接收购模式下股东优先购买权规则的内涵

（一）股东优先购买权的内涵

赋予有限责任公司股东在某一股东对外转让股权时的优先购买权是法律为保护有限责任公司人合性赋予其股东的权利，[①] 其设立目的是避免参与公司经营的各股东之间互不信任、互相猜疑，最终导致公司利益受损。股东之间具有很强的人身信赖关系并需要协调合作，而公司的良好运营依赖于此。[②] 但由于商业行为本身的多样性和商事主体的意思自治性，尽管《公司法》对优先购买权作出详细规定，但也很难涵盖商事实践中层出不穷的股权转让情形。

传统意义上，公司是股东之间基于意思自治在彼此愿意的前提下联合产生的，而不是由政府产生的，因此，股东更多通过意思自治的公司章程来约定优先购买权，而非由法律规定。但为维护股东之间人合性的优先购买权的执行依赖于股东在公司章程或者在股东协议中明确约定，如果股东之间没有约定股权转让时的限制性条款，那么股东在对外转让股权时将不会受到优先购买权的限制，会破坏有限责任公司的人合性。鉴于有限责任公司的人合性突出，股东间有着较强的

---

① 参见《公司法》第84条的规定。

② 参见陈姝：《股东优先购买权"穿透适用"制度初探》，载《黑河学刊》2016年第4期。

人身信赖关系，法律通过规则设计对该关系进行保护，防止股东之间的信赖关系失衡。《公司法》以“原则适用、约定例外”的方式赋予其他股东优先购买权，除非公司章程、股东协议有特别约定，否则该规则须被遵守，从而达到法律对有限责任公司股东人合目标的默许保护。

（二）间接收购模式下优先购买权的界定

从文义解释的角度出发，《公司法》第 84 条中的“其他股东”包括公司内除转让股东外的其他所有股东，即实际控制人发生变更的法人股东仍然享有间接收购模式下股东的优先购买权。由此可见，间接收购模式下股东的优先购买权为法律所默许。在有限责任公司的法人股东没有变化而实际控制人发生变更，其他股东对外转让股权时，该股东是否依然享有优先购买权，尚无规定。

间接收购模式下，当收购人即第三方通过收购目标公司的上层公司股权的方式，引起上层公司的实际控制权转移时，已然改变了上层公司的股东意志。上层公司是目标公司的股东，能够直接控制目标公司的股权，故此时目标公司的人合性已然发生变化。如果再赋予被收购的公司股东优先购买权，是将公司设立时点的股东关系视为永恒不变，以维护公司设立时的人合性。但是，这是一种静态的人合性观念，忽略了“时间之矢”的存在，因此，笔者认为，间接收购模式下的股东优先购买权有单独讨论的必要。

三、间接收购模式下股东行使优先购买权的特征

（一）破坏有限责任公司内部人合性

有限责任公司封闭性较强，注重维护股东间的人合性。《公司法》第 84 条对于其他股东在某一股东对外转让股权时的同意权进行了删除，仅规定了特定情形下的其他股东的优先购买权，能够有效防止第三人进入公司内部，从而维系公司人合性。对股权转让进行一定法律规制是为了实现公司的一系列目标，其中主要

包括保持公司控制权的稳定性和防止其他股东利用股权转让来确立其控制权等。① 美国学者认为，在闭锁公司中，大股东具有强烈的个人依赖性，若不对其股权的可转让性加以约束，则不能达到公司的人合性目的，闭锁公司对普通投资份额的转让作出限制具有必要性。

《公司法》只规定优先购买权，而不限定该权利享有者的其他身份，意味着其默许实际控制权转移的股东可以行使该权利。即只要股东形式上仍直接持有目标公司股权，在某一股东对外转让股权时就享有优先购买权。事实上，公司股东间的人合性处于动态变化中，当股东的实际控制权转移时，虽然形式上的股东没有发生变化，但股权的控制权转移到公司外第三人手中，第三人能够实质性地行使股权，实质性造成原公司的股东与陌生人合作共事的结果，有限责任公司股东内部的人身依附关系被打破，公司的人合性本质上不复存在，此时再赋予被收购的公司股东优先购买权，缺乏正当的法理基础，违背立法者本意。被收购的股东公司的实际控制权转移到第三人手中，其行使优先购买权所造成的股权变动存在损害公司和股东根本利益的风险，外部人进入公司且掌握公司控制权，容易损害中小股东的合法权益，破坏公司经营活动的持续性和健康发展。

（二）同等条件难以认定

在对同等购买条件进行判断时，笔者认为，《公司法》第 84 条列举的考虑因素，仅能为法院提供参考。在目前的司法实践中，同等条件的认定仍然是个难题，当前经济环境复杂多变，可作价的财产以及评估形式多种多样，更增大了判断难度。目前，学术界多数学者认为，同等条件认定的基本标准为股权转让价格，还包括股权转让合同条款中可能影响股权转让同等条件认定的因素，比如，职工安置、高管延聘等。

在认定股权转让购买的同等条件时，学术界的理论包括“绝对同等说”“相对同等说”等，两种理论的本质区别在于是否要求购买条件完全一致。“绝对同等说”认为，同等条件是指购买条件的细节完全相同，主张优先购买权人只有在

① 参见蒋华胜：《有限责任公司股权转让法律制度研究——基于我国〈公司法〉第 71 条规范之解释》，载《政治与法律》2017 年第 10 期。

购买条件完全相同时才能有权购买股权，否则便无权购买股权；“相对同等说”不强调完全一致，认为只要条件在内容本质上与其他购买人相同即可。[①] 本文认为，在对同等条件进行判断时，优先购买权人提出的购买条件和其他购买人的购买条件在内容本质上相似即可，能够充分维护转让股东的合法权益，无须要求完全一致。在认定股权转让的同等条件时，股权转让的价格是其中最重要的因素，但从空间角度而言，也应将股权购买的数量、单价、支付方式等纳入考量范围。从时间角度而言，对价支付的时间也应作为判断交易条件是否有差异的因素。

在“南钢控制权转移案”中，南钢集团获得中信集团旗下的湖北新冶钢有限公司增资135.8亿元，与沙钢集团向复星公司确定的股权交易对价相同，而南钢集团向复星公司提出的报价和其他条件如借款也并不逊于沙钢集团，甚至主动承担了复星公司向沙钢集团返款时额外支付的2.9亿元“诚意金”利息。沙钢集团与复星公司约定80亿元“诚意金”立即支付，可以缓解复星公司的燃眉之急，而南钢集团在6个月后的2023年6月才决定行使优先购买权，对价支付时间迟延6个月；沙钢集团预付的80亿元“诚意金”是复星公司能够立刻自由支配的，而南钢集团的预付款是汇入监管账户中，在股权交割前复星公司很难自由支配；南钢集团支付对价的方式更加复杂，包括要令湖北新冶钢有限公司实现增资控股南钢集团，给复星公司制造了更多障碍。

南钢集团的支付方式给复星公司制造了更多的不便利，本文认为，在判断是否属于同等条件时，除了考虑股权转让的价款外，合同中约定的其他如对价支付的时间、是否存在额外附加的义务等，均应纳入考量范围。沙钢集团于2022年10月已经向复星公司支付80亿元的“诚意金”，而2023年4月，其收到中信集团旗下湖北新冶钢有限公司增资的南钢集团才决定行使优先购买权，沙钢集团已经提前6个月支付的80亿元，能够让复星公司立刻自由支配80亿元，使现金充分流动，从而缓解复星公司现金流难以周转的困境。而南钢集团的支付方式给复星公司附加了更多的义务性条款，预付款汇入监管账户中，在股权交割前复星公司很难自由支配，因此，虽然股权对价相同，但很难认定南钢集团向复星公司提

---

① 参见许尚豪、程思：《优先购买权制度中“同等条件”的法律思考》，载《山东警察学院学报》2017年第3期。

出的交易报价和其他条件与沙钢集团向复星公司提出的条件属于同等条件。

（三）对行使优先购买权有决定权的主体偏移

在间接收购的情况下，若被收购的股东公司因收购行为导致实际控制人更改，则原股东公司对于是否行使优先购买权已无实质性决定权。最初，赋予有限责任公司的股东优先购买权是为了维护有限责任公司人合性。未被收购的原股东公司原则上应当具有话语权及决定权，由其行使优先购买权可以有效防止外部人加入公司。但是，原股东公司被收购之后，实际控制人发生变化，收购人对于是否行使原股东公司在目标公司中的优先购买权具有真正话语权。赋予被收购后的股东公司优先购买权，容易使收购人以进入目标公司为目的收购目标公司的股东公司，成为其实际控制人，对于是否行使原股东公司在目标公司中的优先购买权具有真正的话语权，在其他股东转让股权时行使优先购买权，获取目标公司更多股权，没有起到维护有限责任公司股东间人合性的作用，很难认为符合优先购买权的初衷。

（四）优先购买权的权利主体与义务主体分离

整体来看，《公司法》对优先购买权的规定很难直接限制间接收购情形下被收购的股东公司行使优先购买权，但被收购的股东公司行使优先购买权实际上体现了收购人的意志，收购人与公司原股东之间不存在维护人合性的必要性，其享有对行使优先购买权的决定权，突破了维护有限责任公司人合性的初衷。收购人享有目标公司股东公司的实际控制权，行使对重大事项的表决权，但对应的义务如按时足额缴纳出资义务、诚信义务等是由被收购的股东公司承担的，权利享有者和义务承担者发生了实质上的分离，有违股东优先购买权的法理。

因此，本文认为，可以对间接收购情形下，目标公司的股东公司实际控制权转移后优先购买权的行使作出一定的限制。若无必要的限制，则任意公司希望投资目标公司、获得目标公司股权时，均能够采取收购目标公司的股东公司的方式获得该股东公司的控制权，从而在目标公司对外转让股权时，行使优先购买权。如此一来，其他公司丧失了公平竞争的机会，不利于公司的正常运营和良性发展。

四、有限责任公司股东对外转让股权限制性规定的比较法研究

（一）大陆法系：仅规定同意权，未规定优先购买权

大陆法系国家仅规定了同意权，未规定优先购买权，如德国、法国、日本。具体而言，德国公司法不区分内部转让与外部转让，未规定优先购买权，而是规定有限责任公司股东对外转让股权时公司或其他股东必须同意。但公司可以通过股东会、监事会等管理机构就对外转让进行批准。同时，允许公司章程中设置对外转让股权的限制性程序，如明确特定主体享有优先购买权。

2005年，《日本公司法》进行了重大修订，废除了原有的有限责任公司形式，并引入了新的股份转让限制型股份公司形式。日本仅规定了股权对外转让时其他股东享有作出是否同意的决定的权利，并在《日本公司法》第136条至第145条中对同意权的详细事项作出具体规定，以公司为同意权的主体。日本股份转让受限的股份公司的股份转让不对向公司内部及公司外部转让股份的模式进行区分，无论向公司内部转让还是向公司外部转让，都以公司的同意权为核心，不赋予股东优先购买权，并且赋予不同意的公司强制购买义务。如果股东将受限制的股份转让给第三人，则应由公司其他股东或者获得被限制的股份的受让人要求公司作出是否允许将受限制的股份转让给公司的决定。如果公司对此项交易持反对意见，则应购买这部分股份，或者委托其他买方购买这部分股份，或者由公司与被委托的买方联合购买这部分股份。股份转让价格可通过买卖双方协商确定，也可提交法庭裁决。①

法国对有限责任公司股东间的股权转让加以限制，原则上有限责任公司股权转让须经全体股东表决同意，例外情形为转让对象具有特殊性，如受让人是公司其他股东、近亲属。在向非公司成员转移公司股权时，须经过包括转让股东在内的公司全体股东的半数以上同意，若没有经过全体股东的半数以上同意，那么不

① 参见《日本公司法》第136条、第137条、第140条、第144条的规定。参见王作全译：《新订日本公司法典》，北京大学出版社2016年版，第51-54页。

同意的股东应当在不同意的意思表示作出后的3个月内自己购买或者委托他人购买，也可以按照《法国民法典》第1843-4条所述的方法，通过公司收购股权来减少公司注册资本。此外，法国有限责任公司可以在公司章程中明确规定股东优先购买权，在即将进行股权转让时，需要向公司其他股东发出通知。若其他股东行使优先购买权，则该股东可以获得股权，转让股东不能撤销转让的意思表示。

德国、日本和法国都以同意权作为股权能否最终对外转让的核心。德国公司法中的同意权的主体是公司或其他股东，日本公司法中规定的同意权的主体是公司，法国规定的同意权主体是公司股东。在公司或其多数股东表示同意某股东将其股权对外转让后，该股权便可被转让给公司外部的第三方。由于法律并未赋予其他股东优先购买权，因此，即使存在反对股权对外转让的股东，其也无权利用优先购买权来影响或改变股权转让的结果。此时有限责任公司中股东的同意权起到了决定股权的流转方向的重要作用，确保了股东在必要时能够顺利退出公司，充分维护公司内部人合性。

（二）英美法系：以公司自治文件为核心

英美法系大多通过公司自治文件约束有限责任公司对外转让股权，英国的立法没有对私人公司的股权转移作出明确的限制，但是在公司的章程中对两种主要的限制方式进行了规定：一是授权董事可以因某个具体的原因拒绝股权对外转让；二是授予其他股东以优先购买权。公司章程中的优先购买权行使大多按照转让股东与公司以外第三人之间签订的协议确定价格，再通知公司内部其他股东，或者由公司董事或审计员决定公平价格，向公司其他股东提出是否购买的询问。[①]

美国成文法没有对有限责任公司对外转让股权的程序作出直接性的限制规定，而是更多在意思自治的基础上由股东自身作出约定，对股权向公司以外第三方转让的程序设定限制性规定，例如，在公司章程、股东间协议或股东与公司间的合同中作出规定，公司及其内部股东都须遵循这些规定。美国公司的自治文件在限制股权转让的同时，可由股东自主决定采取的限制措施，若对限制措施不满

---

① 参见陈凤鸣：《有限责任公司股权转让限制规则的反思与重构》，载《河南财经政法大学学报》2022年第5期。

意，股东有权向法院申请审查这些规定的合理性。可选择的限制措施包括要经过公司或其他股东的同意、强制购买、全面禁止股权对外转让。

美国和英国的立法模式赋予了公司较大的自治权利，公司可以根据其自身的特点选择适用不同的限制模式，可以设定同意权为限制规则，也可设定优先购买权为限制规则。

如上所述，立法限制有限责任公司股东转让程序是为了维护公司人合性，维系股东间信赖利益。为保护股东在建立封闭式公司初期对股东关系的预期，诸多国家或地区的公司股东对股权转让程序施加了比法定程序更为严格的限制条件，旨在限制股东将股权转让给公司外部第三方。然而，这些限制条件的前提是股东必须将这些与股权转让相关的限制性规定明确纳入公司章程或股东协议中。我国《公司法》没有对间接收购模式下，被收购后的股东公司在目标公司其他股东欲将股权向外转让时，是否有优先购买权作出明确且限制性的规定。除了完善相关规定，如果股东希望限制间接收购模式下被收购的公司行使优先购买权，应当在公司设立之初在公司章程或股东协议中明确约定具体情形。

五、间接收购模式下优先购买权规则的完善

（一）维护有限责任公司人合性和股权流转效率

间接收购模式下，当目标公司的股东公司被第三方收购后，股东公司的实际控制权转移至收购人手中，由收购人直接行使目标公司的股东权利，包括对公司事务的决策权、对公司利润的分红权、对公司剩余财产进行分配的权利等。形式上该目标公司的股东未发生变化，但实质上有限责任公司内部的人合性已经被破坏。从这个角度来看，本文认为，不赋予被收购后导致实际控制人变更的股东公司在其他股东对外转让股权时的优先购买权更符合立法者的立法原意。

有限责任公司兼具资合性和人合性，当二者发生冲突时，选择何者优先保护一直是实务界和理论界的难题。有限责任公司虽然具有人合性，但其对外交易的支撑为公司的资本信用，因此，笔者认为在对间接收购模式下的优先购买权进行

判断及制度设计时，应当将资合性置于比人合性优先的位置。《公司法》规定，有限责任公司股东对外转让股权时，其他股东在购买条件同等时享有优先购买权，不需要经过其他股东过半数同意，体现出促进公司股权流转优先于保护有限责任公司的人合性的立法趋向。

赋予被收购的股东公司优先购买权，可以维护其内部股东间的人合性，维持目标公司组织结构及股权结构的稳定性，有利于保护股东的合法权益。但若一味追求维护有限责任公司股东间的人合性及股东的利益，而忽视股权自由流转为公司整体创造的利益价值，是得不偿失的，因为公司整体利益最大化会带来股东利益的提升，股东亦可以从公司获得分红。间接收购模式可以促进股权的自由流转，第三方通过间接收购方式获得目标公司的股权，体现了股东公司的意思自治，有利于提升公司整体利益，同时也能使股东利益最大化，促进市场可持续发展。目标公司的股东公司作为市场经济主要的参与者，按照自己的意愿达成的收购协议是公司经过决议后理性的判断，法律应当予以尊重，保障股东公司的意思自治。本文认为，间接收购模式下第三方收购目标公司的股东公司后，在目标公司的其他股东对外转让股权时，不应剥夺被收购后的股东公司的优先购买权，但可以对其行使优先购买权进行适当且合理的限制。

（二）赋予公司股东实际控制权转移时的告知义务

依据《德国股份公司法》第20条至第22条规定，当公司超过四分之一的股权属于某一股东时，该公司负有将此事项告知其他股东的义务，该公司的其他股东享有知情权，也可以要求该公司证实股份的存在。《德国证券交易法》第21条至第30条也有类似规定，当控制股东违背告知义务时，其对于公司各种事项的表决权可能丧失，甚至可能丧失股东权利。

德国的规定可以使公司股东及时掌握公司股权的变动情况，在公司本身控制权的形成和变动过程中起到“预防控制”的作用，该规定的正当性源于控制股东的信义义务。我国学者对控制股东信义义务的构建仍存争议。《元照英美法词典》将信义义务界定为，为他人利益最大化而行事，[①] 其重点在于受托人以善

① 参见薛波主编：《元照英美法词典》，法律出版社2003年版，第550页。

意、诚实的态度满足受益人的最大利益，通过最大程度的诚信和忠实行为谋求受益人的最大利益。通常认为，信义义务包括忠实和勤勉两方面内容。

根据美国传统的公司法理论，公司股东只负有对公司出资的义务，股东之间不承担任何责任或义务。美国马萨诸塞州确立了股东信义义务的规则，认为封闭公司股东之间负有合伙人性质的信义义务，由于缺少自由市场，故报酬为最主要的获利方式。由于封闭公司股东及成员有限，大股东对公司的管理、信任和忠诚是封闭公司得以发展的根本。①

本文认为，控制权转移对公司而言意义重大，当有限责任公司股东的控制权转移时，其行使股东权利的决定主体变更为控制权转移后的主体，有限责任公司的人合性被破坏。因此，可以借鉴德国的规定，对公司股东信义义务进行扩大解释，在股东实际控制权转移时，其应当及时告知公司其他股东，如果违背此告知义务，可以考虑限制该股东的股东权利如表决权、参会权等，或者限制其特定情形下的优先购买权。

通过设定公司股东控制权转移时的告知义务，可以使公司股东及时了解其他股东的控制权变化情况，能够起到在控制权形成和变动过程中的“预防控制”作用，避免公司其他股东控制权突然转移导致该公司人合性被破坏，损害公司及中小股东的合法权益。如此，可以防止外部公司通过收购目标公司股东股权、掌握股东的实际控制权的方式进入目标公司，也即防止外部公司“突然袭击”，实际控制目标公司的股权，损害其他股东的合法权益。

在有限责任公司中，股东同样缺乏股权自由流动的市场保护，其获得投资回报的主要方式是有限责任公司的分红，而有限责任公司由股东进行经营，股东间的协调、相互信任及人合性是影响有限责任公司经营情况的重要因素。在间接收购情形下，有限责任公司股东的实际控制权转移，行使股东权利与承担股东义务的真实主体转移至收购人，收购人间接参与有限责任公司的经营，影响公司和其他股东的切身利益。本文认为，可以参考德国公司法的规定和美国马萨诸塞州确立的股东信义义务规则，设定有限责任公司股东间彼此忠实与勤勉的信义义务，

① 参见朱大明：《美国公司法视角下控制股东信义义务的本义与移植的可行性》，载《比较法研究》2017 年第 5 期。

在股东的实际控制权转移时，应当及时告知公司其他股东。如果违背此告知义务，一方面，可以限制该股东的股东权利如表决权、参会权等，同时，当公司其他股东对外转让股权时，限制其行使优先购买权，可以较好地协调、平衡有限责任公司人合性和股权转让自由、商事交易的效率之间的关系；另一方面，有限责任公司其他股东有权行使优先购买权以购买该股东所持有的目标公司的股权，或者退出公司。

（三）股东实际控制人改变时赋予其他股东优先购买权

合理规避风险是间接收购模式的优势所在，商事主体基于意思自治进行股权交易，交易本身不应被限制或增添附加条款，否则会增加交易成本、损害交易自由。若第三方与目标公司的股东公司交易，只获得了股东公司极小部分的股权，远不足以达到实际控制股东公司的程度，此时，若要求股东公司通知公司其他股东，履行告知义务，流程过于烦琐，也会极大地降低商事效率，损害交易实质公平，不利于商事主体间自由平等地交易。

英美法系中，对于间接收购模式下股东关系的变更和调整，公司股东之间可以协商订立控制权转移条款，该条款规定，在任何一个股东的实际控制人发生变更时，对该股东的重大事项的决定权主体变更，公司的人合性被破坏，则其他股东可以享有优先购买股权的权利。如果股东公司违反了自己的承诺，在未告知其他股东且未征得其他股东同意的情况下变更实际控制人，其他股东可以解除共同出资的合同，要求公司解散，也可以行使预先商定的股东协议中约定的优先购买权。控制权转移条款具有合理的法理基础：尽管其中一个股东的实际控制人变更并不直接影响公司本身的运营，但是公司内部可以通过股东事先的约定将其视为公司直接股东自身情况的变更，因此，当公司内部股东间的重大事项例如投资关系、合作基础发生变更，导致公司变化时，其他未改变的股东有权对其持有的标的公司股权行使优先购买权。①

实际控制人在商事交易过程中起到决定性的作用，其对公司重大事项具有决

---

① 参见郑彧：《股东优先购买权“穿透效力”的适用与限制》，载《中国法学》2015 年第 5 期。

定权。我国《公司法》中也体现了对实际控制人的限制和规范，例如，第22条规定了实际控制人责任。[①] 依据《公司法》的规定，实际控制人的核心是对公司行为产生支配力。[②] 在设定规范间接收购模式的制度时，当第三方与目标公司的股东公司之间进行股权交易，导致股东公司的实际控制人发生变化时，股东公司的股东意志已经产生了实质性改变，损害了目标公司的人合性及股东间的信赖利益，该股东公司负有将实际控制权转移的事项告知目标公司其他股东的义务，其他股东享有知情权，也可以要求该公司证实股份的存在。

六、间接收购模式下股东优先购买权规则的完善措施

（一）完善间接收购模式中优先购买权的法律规范

我国《公司法》中没有对间接收购模式中的有限责任公司股东优先购买权作出特殊的规定，但随着商事实践中多层公司结构越来越常见，公司结构日益复杂化，商事主体通过间接收购模式合理规避风险、促进股权流转的情形逐渐增多。当第三方与目标公司的股东公司之间进行股权交易，导致股东公司的实际控制人发生变化时，股东公司享有重大事项决定权的主体已经产生了实质性改变，损害了目标公司的人合性及股东间的信赖利益。

可以参考我国《证券法》第63条的规定，当公司股东与其他股东共有公司5%以上表决权时，其应在该事实发生之日起3日之内向国务院证券监督管理机构、证券交易所提出书面报告，并予以公告，如果股东未尽到通知及公告之义务，在买入后的36个月之内，不能对超出上述比例之股份行使表决权。

同时，可以借鉴英美法系和德国公司法的规定，限制间接收购模式下被收购的股东公司在其他股东对外转让股权时的优先购买权。可以明确实际控制人的标准，例如，当股东公司的40%以上的股权被同一股东持有时，该股东掌握公司的实际控制权，享有一票否决权，其意志对公司的重大事项具有决定性的作用。

---

① 参见《公司法》第22条的规定。
② 参见《公司法》第265条的规定。

（二）通过公司章程或股东协议约束间接收购模式中的优先购买权

《公司法》没有对间接收购模式下的优先购买权作出限制性规定，给予了章程自治空间，即可以设置严格或者宽松的有限责任公司股权转让程序。[①] 此外，股东协议亦可约定股东在公司股东实际控制人变更时的优先购买权规则。因为该协议系全体股东意思的体现，在一致同意的前提下自然可以对有限责任公司股权转让程序作出各项限制性安排。

公司章程或股东协议可以明确，当公司股东的股权超过一定比例为某一股东持有时需要告知其他股东，以及违背该通知义务时可能造成的不利后果等。公司章程和股东协议体现股东间意思自治，且对股东具有较强的约束力，股东之间可以约定，因间接收购导致该有限责任公司的股东公司的一定比例股权的实际控制人变更，且该股东公司未及时告知其他股东的，可以限制股东公司行使股东权利，包括在其他股东对外转让股权时的优先购买权，也可以对其他情形作出限制性规定，不违背法律规定及公序良俗即可。如果公司在成立时制定的章程未明确间接收购模式下的具体情形，且章程修改程序烦琐，股东协议便成了一种高效、实用的补充方式。然而，股东协议对股权转让的约束并非完全无限制，它属于合同范畴，因此受到《公司法》和《民法典》的双重监管，以避免损害股东的合法权益。[②]

七、结语

在引起广泛争议的“南钢控制权转移案”中，复星公司与沙钢集团签署了正式的股权转让协议，尽管案件最终结果以沙钢集团与复星公司达成协议，沙钢集团自愿退出股权争夺为结束，但南钢集团作为南钢钢联的股东，其在同等条件下拥有复星公司60%股权的优先购买权，在复星公司向南钢集团发出优先购买权

① 参见钱玉林：《公司章程对股权转让限制的效力》，载《法学》2012年第10期。

② 参见肖滕恺、金铭：《股东优先购买权的“穿透效力”规则探析》，载《吉林工商学院学报》2019年第6期。

征询函期间，湖北新冶钢有限公司对南钢集团增资，成为其控股股东，对公司重大事项具有决定权，南钢钢联的人合性被破坏，对是否行使优先购买权有决定权的主体更改为湖北新冶钢有限公司。湖北新冶钢有限公司提出的购买条件很难认定为属于同等条件。在判断是否属于同等条件时，除了考虑股权转让的价款外，合同中约定的其他条件如对价支付的时间、是否存在额外附加的义务等，均应纳入同等条件的考量范围。沙钢集团提前6个月向复星公司支付80亿元，且可供复星公司自由支配，而南钢集团的预付款是汇入监管账户中，在股权交割前复星公司很难自由支配；同时，南钢集团支付对价的方式更加复杂，包括要令湖北新冶钢有限公司实现增资控股南钢集团，给复星公司制造了更多障碍，很难认定为属于同等条件。

在间接收购模式下，第三方公司与目标公司的股东公司进行交易，获得该股东公司的实际控制权，在该目标公司的其他股东对外转让股权时行使优先购买权，从而实现进入目标公司甚至收购目标公司的目的。股东公司的实际意志已经变更为收购人的直接意志，收购人实质性地享有股东公司的股东权利，包括对公司事务的决策权、对公司利润的分红权、对公司剩余财产进行分配的权利等，收购人与目标公司原股东共同经营公司，实质性破坏了目标公司股东间的人合性，对行使优先购买权有决定权的主体从原股东公司变成被收购后的股东公司，但及时缴纳出资等义务又由原股东公司承担，优先购买权的权利与义务主体发生偏离。因此，应当对间接收购模式下被收购的股东公司行使优先购买权进行必要的限制。

本文认为，可以对股东信义义务进行扩大解释，明确实际控制人的判断标准，当目标公司的股东公司的实际控制权转移给第三方时，该股东公司应事将该事项告知公司其他股东。如果违背此告知义务，一方面，可以限制该股东公司的股东权利如表决权、参会权等，同时当公司其他股东向外转让股权时，限制其行使优先购买权，可以较好地协调平衡有限责任公司人合性和股权转让自由、商事交易的效率之间的关系；另一方面，有限责任公司其他股东有权行使优先购买权以购买该股东所持有的目标公司的股权，或者退出公司。此外，公司内部还可以通过章程或股东协议限制间接收购模式下的优先购买权。

授权资本制下毒丸计划法律规制研究

陈群峰* 王行健**

摘要： 毒丸计划是广泛应用的反收购策略，即通过允许现有股东在特定条件下低价购买公司股份，稀释收购者的股份比例，提高收购成本。2023 年 12 月 29 日颁布的《公司法》（以下简称 2023 年《公司法》）引入授权资本制为我国公司实施毒丸计划带来制度机遇。本文通过考察我国现行并购法律体系和域外授权资本制差异下的规制偏好，提出我国毒丸计划的实施构想和中立规制立场，并围绕目标公司管理层、股东和收购方利益平衡设计毒丸计划配套措施。

关键词： 毒丸计划　授权资本制　反收购　中立立场

股权分置改革后全流通格局形成，敌意收购在我国兴起，大量上市公司采用反收购措施以防御敌意收购。毒丸计划是强有力且被广泛应用的反收购措施，其实施基于授权资本制，由于此前我国《公司法》未提供其实施所需条件，毒丸计划在我国法律框架下难以实现。2023 年《公司法》引入授权资本制，为毒丸计划在我国法律框架中的应用开辟了新机遇。

---

* 中央民族大学法学院教授，博士生导师。

** 中央民族大学法学院经济法学硕士研究生。

一、问题缘起：毒丸计划的特殊价值及制度机遇

2004 年，《国务院关于推进资本市场改革开放和稳定发展的若干意见》中提出“积极稳妥解决股权分置问题”，标志着股权分置改革的开始。次年，我国证监会发布《上市公司股权分置改革管理办法》，标志着股权分置改革的全面实施。该改革旨在解决非流通股与流通股之间的不平等，提升上市公司治理水平及市场整体效率。到 2006 年底，已完成或正在进行改革程序的上市公司占比达 97%，标志着股权分置改革的基本完成。上市公司股权结构经历了重大变化：第一大股东的持股比例下降，无实际控制人的公司数量翻倍。控股股东的减持使上市公司股权结构更分散，降低了单一大股东的控制权比例。因此，“一股独大”的现象不复存在，导致众多上市公司成为潜在的收购目标。2014 年至 2015 年，股市的剧烈波动导致上市公司估值普遍下降，降低了并购的成本门槛，为加强市场地位或开拓新业务领域，有充足资金和战略需求的公司借此时机进行资产收购，导致 2015 年并购重组案例激增至 317 例，创历史新高。

如今，并购浪潮有可能重现，原因之一是我国当前的资本市场环境与 2015 年相似。2024 年初，蓝筹股指数 CSI300 跌至 2019 年以来最低点，但外部市场前景依旧乐观。多家权威财经机构认为，我国证券交易市场具有显著反弹潜力和增长空间，并预测中国权益资产未来几年将创造较高回报。股权分置改革之后，并购活动展现了更高的市场化、战略并购取代财务并购、多样化手段及股票替代现金支付等新特点。2017 年至 2022 年，上市公司控制权变更保持高位，显示控制权市场比 2015 年具有更大潜力。另外，随着疫情防控措施转变，我国经济进入复苏期。在政策支持和市场激励下，累积数年的并购需求可能将被释放。此外，疫情期间，大型上市公司因规模和资源优势更有效规避风险，与中小型公司的实力差距增大，进一步促成并购活动。

在 2015 年的并购浪潮中，突破信息披露和行政审批等监管约束的敌意收购数量显著增加，引起了公众和学术界对反收购措施在控制权争夺中应用的广泛关注。“宝万之争”这一代表性案例将敌意收购与反收购概念引入公众视野，涉及流通股争夺、停牌、寻找“白衣骑士”和行政干预等多个阶段，全面展示了我

国上市公司面对控制权争夺和敌意收购的策略与应对机制，同时反映了我国在收购与反收购规制方面存在的制度空白。① 并购潮过后，为遏制狂热收购对公司价值的负面影响，证监会修订了《上市公司重大资产重组管理办法》，提升了收购信息披露标准并加强了监管。随后五年，并购规模和数量逐年下降，并购热度持续降低。在处理收购与反收购的关系方面，目前我国的经济政策和法律体系着力于收购方行为约束，股权分置改革后，法律法规在涉及上市公司并购重组时存在立法缺位，侧重于设立限制收购方的强制性规则，而对目标公司作为防御性措施的赋权性规则付之阙如。② 反收购立法缺位一定程度上致使目标公司自主抵御敌意收购能力匮乏，造成控制权争夺中，行政力量介入方可终局的状态。

20 世纪的资本博弈中诞生了多种反收购措施，如“白衣骑士”“金色降落伞”等，但毒丸计划（又称股权摊薄反收购措施）具有独特的防御价值。毒丸计划由美国律师马丁·利普顿于 1982 年首创，用于帮助一家公司抵御另一家公司的敌意收购。如同间谍可能在极端情况下服用毒丸避免落入敌手，公司也可以通过增加潜在敌意收购者的“毒性”来自我保护。毒丸计划本质上包含一系列股东权利协议，当发生要约收购或收购方累积了足够股份时，协议允许目标公司股东（潜在收购方除外）低价购买额外股份。一旦触发，此权利将稀释敌意收购者的股权，显著增加其控制权交易的成本。经过 1985 年美国特拉华州最高法院在 Moran *v.* Household 案中的合法化判决，毒丸计划广泛应用于抵御敌意收购，并经过多年演化成为世界范围内上市公司最有效的反收购手段。毒丸计划的独特性体现在两个方面：一方面，毒丸计划的即时触发机制允许目标公司董事会在授权股份规则和章程明确的权限下，无须股东会批准即可快速启动，其抵御敌意收购的效率远高于其他反收购措施。时间和处理信息对于控制权交易至关重要，这

① 参见张泽、罗娜：《司法裁判视角下“野蛮人”股东表决权的不当限制及其规范——基于九家上市公司反收购诉讼典型案例的实证研究》，载《法律适用》2019 年第 24 期。

② 参见郭富青：《上市公司反收购：政策导向、实施偏好与法律边界》，载《法学》2018 年第 11 期。

在美国20世纪70年代初盛行的“周六晚特价式”收购策略①中体现得淋漓尽致。因此，采用毒丸计划的目标公司董事会可以争取时间进行多维度行动：披露要约信息以减少信息不对称，评估财务细节和潜在影响，以及促进竞争性要约以提高股东利益。另一方面，毒丸计划能显著增加收购方成本，具有极强的威慑作用，至今没有成功突破毒丸计划的收购案例。因此，毒丸计划在排除目标公司管理层更替的情形下，大概率能够击退恶意收购者或在更有利立场上与潜在收购者进行谈判，如寻找“白衣骑士”或与原收购者就更优惠条件达成一致。

受限于授权资本制及董事会受限等运行条件的缺失，法定资本制下新股发行必须经股东会作出决议，且潜在收购方作为公司股东也有权参与投票阻击反收购，因此，毒丸计划的商业应用始终停留在构想层面。2023年《公司法》首次引入授权资本制并将第152条作为授权资本制核心条款，形成初具规模的授权股份规范群，这标志着毒丸计划作为强大的反收购法律武器迎来制度生机。2023年《公司法》并未对授权资本制衍生的控制权争夺问题展开制度设计，② 但内置反收购立法基本框架的《上市公司收购管理办法》第8条和第33条中“不适当障碍”“股东合法权益保护”以及“对公司经营成果造成重大影响”等条款定义留有较大解释空间，保留了毒丸计划的实施可能性。此外，2023年《公司法》诸多新规映射出公司治理结构及权力分配的新动向，即公司治理重心显现由股东会中心主义向董事会中心主义偏移趋向，③ 董事会决策权的扩张可增加毒丸计划可实施性。毒丸计划作为公司治理架构下的资本运作实践，可追溯至股东与管理层共决过程中控制权交易移转主体与交易涉及主体之间张力引发的协调和代理问题，也具有理论层面上反哺公司治理模式的探讨价值。

因此，在确保资本市场合规性和有序性的同时，为企业提供足够的商业自由

---

① “周六晚特价式”收购策略是美国20世纪70年代初流行的一种敌意收购策略，它指的是一家公司通过突然在周末发起的公开要约来尝试收购另一家公司。这种策略利用了美国《威廉姆森法案》规定的从公布要约到截止日期至少7天的最短时间限制，意图在目标公司准备不足的情况下迅速完成收购。

② 参见蒋大兴：《公司法修订草案中的关键缺失》，载《中国法律评论》2022年第5期。

③ 参见傅穹、陈洪磊：《董事会权力中心的生长与回归》，载《北京理工大学学报（社会科学版）》2022年第5期。

度和法律工具来应对潜在的敌意收购，以及在控制权交易的法律框架内寻找利益平衡，将成为公司法讨论中的热点话题。

二、毒丸计划可实施性规范证成

毒丸计划的实施属于目标公司的商业判断，其合法性则属于反收购的法律判断范畴。基于现代公司治理理念，如公司自主权、股东权益保护及市场机制多样性，各国资本市场法律体系对反收购措施虽立场不一，但普遍持容许态度。我国并购法律规范对反收购规制规范留有较大解释空间，为毒丸计划提供了一定制度空间，通过对并购体系构建历史梳理和法律规范分析，可以预测反收购措施与毒丸计划的适用边界。

（一）核心反收购规范的毒丸计划适用空间疏证

涉及反收购规制的核心法律规范是《上市公司收购管理办法》。2006 年《上市公司收购管理办法》第 33 条规定："收购人作出提示性公告后至要约收购完成前，被收购公司除继续从事正常的经营活动或者执行股东大会已经作出的决议外，未经股东大会批准，被收购公司董事会不得通过处置公司资产、对外投资、调整公司主要业务、担保、贷款等方式，对公司的资产、负债、权益或者经营成果造成重大影响。"该条放宽了对董事会权限的限制，被认为融合了《英国城市法典》的董事会中立原则和美国特拉华州的董事信义标准，[①] 表明反收购措施的决策权依然属于股东。[②] 关于毒丸计划的实施是否需要股东批准，考虑到其触发条件（潜在收购方持股 10% 至 20%），需要发行大量新股以稀释股权。这一过程，加之控制权争夺对投资者预期的影响，可能导致公司估值下降，符合对公司资产和权益产生"重大影响"的定义。

2020 年《上市公司收购管理办法》第 8 条规定："被收购公司的董事、监

① 参见［美］约翰·阿莫等：《敌意收购机制在发达国家以及新兴市场中的演进》，夏戴乐译，宋子笠校，载《金融法苑》2015 年第 1 期。

② 参见傅穹：《敌意收购的法律立场》，载《中国法学》2017 年第 3 期。

事、高级管理人员对公司负有忠实义务和勤勉义务，应当公平对待收购本公司的所有收购人。被收购公司董事会针对收购所做出的决策及采取的措施，应当有利于维护公司及其股东的利益，不得滥用职权对收购设置不适当的障碍，不得利用公司资源向收购人提供任何形式的财务资助，不得损害公司及其股东的合法权益。”该条面临两个解释问题，第一个问题是如何界定“不适当的障碍”，以及毒丸计划是否构成此类障碍。在商业层面，解释反收购活动中的“适当”可类比美国特拉华州最高法院指定的 Unocal 标准采取的比例原则，即目标公司董事会采取的反收购措施须与所面临的威胁相称。① 法律层面上，考虑到股东平等原则，以往公司法和商法在坚持同股同权原则时，某些股权方案的合法性因对股东的不平等对待而存疑。然而，2023 年《公司法》通过完善类别股制度、科创板特殊表决权尝试打破了同股同权原则，为毒丸计划的合法性提供了新的评估基准。因此，在现行法律框架下，对于“不适当的障碍”的法律和商业标准尚未明确。第二个问题涉及“滥用权力”和“股东利益”这些术语如何反映反收购中董事与股东的关系，特别是控制权交易的协调和代理问题。对于董事在控制权交易中的信义义务及其司法审查的标准，现行法律并未提供明确答案。

（二）我国并购法律体系演化：从效率导向到关注公平

国务院和证监会发布的政策和法规反映了我国并购法律体系对效率价值的追求，《国务院关于促进企业兼并重组的意见》强调了加速企业兼并重组在解决资源环境约束、应对国际竞争和贸易保护主义等问题上的重要作用。《国务院关于进一步优化企业兼并重组市场环境的意见》突出了企业兼并在优化公司治理结构方面的重要性，《非上市公众公司收购管理办法》说明视收购为对公司管理层的外部约束。通过对这一时期的法规、政策的目的论解释，立法者意识到兼并重组不仅是解决经济中宏观和行业层面问题的关键手段，也是优化企业内部管理、提高企业竞争力和适应市场变化的高效率途径。

我国并购法律体系的发展与公司控制权市场理论关于资源配置和效率价值的强调相符。在计划经济时期，我国经济政策已显现出对企业兼并的偏好。1963

① Unocal Corp. *v.* Mesa Petroleum Co., 493 A. 2d 946 (Del. Supr. 1985).

年，为促进经济组织集中管理，提高企业效率，我国开始探索托拉斯模式，中国烟草公司作为首个托拉斯企业成功试点后，托拉斯按行业和区域划分并覆盖全国性和地区性企业，实现了不同程度的合并与并购。① 改革开放以来，我国的并购政策一直积极认同并购在促进资源配置和形成规模经济方面的内在价值。1992 年，党的十四大确定“建立社会主义市场经济体制”为经济体制改革目标，1993 年《公司法》推动现代企业制度改革，大量大中型国有企业改制并参与并购重组，资本市场并购开启，但这一阶段我国并购领域倚重政策而非法律，并购法律体系尚未建立。2001 年至 2008 年，证监会为规范并购重组市场，先后颁布《上市公司收购管理办法》《上市公司股东持股变动信息披露管理办法》《上市公司重大资产重组管理办法》。随着重视信息披露和董事信义义务的法律法规及政策不断完善，我国的并购法律体系从单纯追求效率转向平衡效率与公平的价值取向。在杠杆收购、跟风收购、借壳上市频发的并购现象出现之后，2016 年至 2017 年，证监会发布《关于修改〈公开发行证券的公司信息披露内容与格式准则第 26 号——上市公司重大资产重组〉的决定》通过强化信息披露、抑制并购机会主义进一步规范并购市场。

我国并购法律体系发展趋势从单纯鼓励并购的效率导向逐步转向旨在促进市场竞争和企业成长的同时，兼顾公平原则和投资者利益，更加规范化的同时，尝试走平衡效率与公平的发展路径。20 世纪成熟资本市场已经经历了类似的转变。在敌意收购中，收购方拥有选择时机、制定策略的时间优势，利用高价吸引股东卖出股份的财务优势，以及评估目标公司价值和增长机会的信息优势。相反，目标公司面临资源限制、战略选择限制和股东利益的潜在冲突等劣势。因此，在控制权交易的法律背景下，确保信息披露、加强司法审查和提供反收购策略是维护公平的关键。这种转变预示着，尽管我国并购法律未完全平衡控制权交易双方的关注，但在趋向规范化、重视公平与效率的法律体系中，反收购措施仍有存在空间。

---

① 参见黄德红、夏万江：《中国企业并购发展历程》，载中国社会科学网，https://cssn.cn/jjx/jjx_jjxp/202312/t20231220_5719878.shtml，访问日期：2024 年 3 月 4 日。

（三）授权资本制下毒丸计划实施构想

1. 毒丸发起阶段：授权发行条款

2023 年《公司法》第 152 条规定："公司章程或者股东会可以授权董事会在三年内决定发行不超过已发行股份百分之五十的股份。但以非货币财产作价出资的应当经股东会决议。董事会依照前款规定决定发行股份导致公司注册资本、已发行股份数发生变化的，对公司章程该项记载事项的修改不需再由股东会表决。"第 152 条作为授权股份发行规则标志着授权资本制的正式引入，与法定资本制股份一次发行、股东会批准发行相比，授权资本制的特征在于公司章程规定的授权股份份额可分次发行，且发行由董事会决定无须股东会批准，3 年发行时间和 50%发行份额表明第 152 条属于受限制的授权资本制，其立法旨意是防止董事会股份发行权力过度扩张危及股东利益，如新股发行导致的股权稀释。[①]

首先，授权股份发行规则的解释对于毒丸计划合法性构建至关重要。应明确"股份"的含义。无论内翻式毒丸、外翻式毒丸或优先股毒丸本质都是允许股东使用认购期权以优惠条件购买目标公司或收购方的股份。授权股份发行规则打通了董事会发行股份、股东购买股份这一环节，但是对于该认购期权的合法性法律未明文规定。传统毒丸计划中认购期权是否属于"股份"范畴还需反收购立法、司法作出回应。

其次，授权股份发行规则的受限会对我国上市公司应用毒丸计划产生一定影响。第一，我国 2006 年《上市公司章程指引》扩大了公司章程自治权限，2015 年并购浪潮后，倾向于在公司章程中加入反收购条款。有实证研究表明，2003 年至 2019 年公司章程中加入反收购条款的上市公司数量逐年上升并在 2019 年达到 1548 家。[②] 根据深交所 20 世纪末至 2012 年的统计，章程中反收购条款里包含

① 参见卢宁：《刍议公司资本形成制度的改革与发展——以"认缴制"的定性为起点》，载《法学论坛》2017 年第 3 期。

② 参见陈克兢、万清清等：《公司章程中的反收购条款：价值创造还是私利攫取?》，载《管理科学学报》2023 年第 2 期。

毒丸计划的上市公司数量占总数一半以上。[①] 2023年《公司法》生效后，可以预见我国大量上市公司将选择在章程中预设毒丸计划，结合章程对董事会的股份发行的授权，董事会发起毒丸计划全过程可不经股东会批准。早期毒丸周期多设定在10年以上，演化至今，周期不断缩短，美国机构股东服务公司建议面对近年来短期机会主义收购者的威胁，具有毒丸反收购条款的上市公司应出于保持灵活性的考虑将权利计划期限设定为12个月之内，实践中大多毒丸期限也仅仅为1年至3年，因此，3年内决定发行的时间限制大致无碍。第二，应明确“非货币财产”的含义。该限制出于整个公司法体系中对“非货币财产”真实价值的审慎态度，《公司注册资本登记管理规定》（现已失效）第5条第1款规定：“股东或者发起人可以用货币出资，也可以用实物、知识产权、土地使用权等可以用货币估价并可以依法转让的非货币财产作价出资。”因此对于融资手段多样（如可转换债券、绿色债券）的目标公司，新股发行面临着资本被判定为非货币财产的风险；[②] 对于可发行资本中资产占比较大的公司，由于这部分资本发行决策权归属于股东会，董事会或面临新股发行量不足的问题。第三，与之类似，50%发行份额的限制，是否导致发行的新股无法有效稀释敌意收购方股份，还需结合章程对授权股份发行比例的具体规定、收购方持股比例以及普通股东购入新股具体情形综合判断。

2. 毒丸释放阶段：特殊表决权股条款与核准制

在毒丸决议发起之后，毒丸还需配合保持公司治理结构稳定的防御措施以及通过监管程序发起方能发挥效用。2023年《公司法》第144条规定：“公司可以按照公司章程的规定发行下列与普通股权利不同的类别股：（一）优先或者劣后分配利润或者剩余财产的股份；（二）每一股的表决权数多于或者少于普通股的股份；（三）转让须经公司同意等转让受限的股份；（四）国务院规定的其他类别股。公开发行股份的公司不得发行前款第二项、第三项规定的类别股；公开发行前已发行的除外。公司发行本条第一款第二项规定的类别股的，对于监事或者

---

① 参见郭富青：《上市公司反收购：政策导向、实施偏好与法律边界》，载《法学》2018年第11期。

② 参见马更新、安振雷：《重塑资本形成：授权资本制的本土化建构》，载《经贸法律论》2023年第3期。

审计委员会成员的选举和更换，类别股与普通股每一股的表决权数相同。”第144条坚持类别股法定性，规定了财产分配、表决权、限制转让三种类别股，其中第1款第2项规定的特别表决权股在2023年修订的《上市公司章程指引》第16条中有所体现。上述特别表决权的条款与美国《特拉华州普通公司法》第151条a款的核心内容相类似，即公司被授权可以发行一种或多种类型的股份，每种股份类型具体的投票权利规则需要在公司的章程中由董事会明确规定。特别表决权股的引入对于毒丸计划意义重大，其不仅是同股同权原则的突破，还对反收购中公司治理结构产生重大影响。2023年《公司法》第153条规定，章程授权董事会决定发行新股须经全体董事三分之二以上通过，比第122条、第124条中常见的全体董事过半数通过标准更严格，因此，在毒丸发起阶段涉及发行新股的董事会决议的情形下，表决权至关重要。多数反收购实践经验丰富的国家可发行“附带多数表决权”① 的股份，特别表决权股可从根本上影响资本多数决的目标公司股东会的决议进而影响董事会。毒丸计划在美国行之有效的重要原因是其与交错董事会的有效配合：交错董事会通过分期选举董事，确保整个董事会不会在短时间内被替换从而为毒丸计划提供时间和稳定性。2023年《公司法》第144条与《上市公司章程指引》第16条下目标公司可选择在公司章程针对特殊表决权股进行详细的事先安排，以抵御收购方发起的代理人争夺战。

自毒丸计划在美国诞生40年来，认为我国上市公司不可实施毒丸计划的看法主要基于两点：第一，授权资本制的缺失；第二，在我国的监管框架下毒丸计划难以实现，尤其是核准制极大地限制了新股发行。2023年2月17日，证监会发布全面实行股票发行注册制相关制度规则，标志着深交所创业板和北交所科创板注册制试点将全面推广。在注册制下，公司股票发行被简化为两个步骤：第一，交易所负责形式审查，验证公司是否满足股票发行和上市的条件，并确保信息披露要求达到标准；第二，证监会基于交易所的审查意见执行注册程序决定是否注册。由此，毒丸计划在注册制下可以充分发挥快速有效的反收购效能。

① 参见陈景善：《类别股之组织法规范与资本制度衔接》，载《北京理工大学学报（社会科学版）》2022年第6期。

3. 毒丸回赎阶段：回购条款

在 Moran *v.* Household 案中，设计外翻式毒丸针对的敌意收购类型是“前重后轻的双层要约收购”，即收购方首先发起对目标公司股份的高价要约以吸引股东出售股份，达到一定比例后再以更低的价格发起第二轮要约，目的是在第一轮要约中获得足够股份控制权，然后通过第二轮较低价格的要约降低整体收购成本。Moran *v.* Household 案中的毒丸以潜在收购方要约收购30%股份与非公开收购20%股份作为区分门槛，前者触发的毒丸有可能会被目标公司赎回，而后者即使发展为友好收购也无法赎回。① 区分机制下，目标公司董事会根据收购者行动进行商业决策，提高了毒丸的威慑能力和溢价收购概率。现阶段，我国目标公司具备回赎毒丸的法律工具，根据2023年《公司法》第162条和《上市公司股份回购规则》第2条、第20条的规定，上市公司为维护公司价值及股东权益所必需，可收购公司股份，回购决议程序条款采取了任意性规范的设计方式，极大简化了回购程序。

然而，股份回购条款对于毒丸计划仍有不适配性。第一，毒丸回购条款乃至整个毒丸计划的基础在于，立法者或监管机构明确毒丸作为认购期权属于授权股份发行规则、回购规则所称“股份”范畴，这亟待各维度的法律解释。第二，股份回购条款仍受时间限制，根据《上市公司股份回购规则》第11条的规定，上市公司为维护公司价值及股东权益所必需而收购公司股份的，回购期限自董事会或者股东大会审议通过最终回购股份方案之日起不超过3个月。因此，毒丸从发起阶段到解除阶段耗时大于3个月的可能性较大。

三、毒丸规制差异剖析：授权资本制、决策权与反收购立场

授权股份发行规则是实施毒丸计划的必要条件，在差异化的授权资本制下各国反收购立法的倾向也各有不同，尤其在20世纪末毒丸计划从美国逐步影响全球后，对于毒丸计划的法律规制反映了各国不同的公司治理模式与文化，本文选

---

① 参见王晓：《美国公司反收购战中毒丸计划的法律分析》，载《证券市场导报》2007年第2期。

择美国、日本两个应用毒丸计划最广泛的国家进行剖析，比较其授权资本制、决策权归属以及毒丸计划法律规制立场，进而探究我国毒丸计划法律规制应采取的立场。

（一）美国式毒丸：利益平衡中兴起

在美国州际公司法竞争中脱颖而出的《特拉华州普通公司法》第161条清晰定义了授权资本制：公司章程所授权的资本股份未完全发行或认购，则董事会有权在任何时点追加发行这些股份或接受其追加发行股份的认购，直至达到章程所授权的数量限制。这一赋权型规则彰显授权资本制的内部控制股份发行机制，强调授权资本与已发行资本间的区分，这种区分确保公司在授权限额内保留未发行股份的缓冲区，通过设定高于当下的授权资本水平为未来的融资需求或战略机会（如防御敌意收购）做准备。此外，1950年《美国示范公司法》第6.01条a款规定了公司章程授权股份数额、类别股、表决权以及股份回赎等具体事项。以上授权资本制核心条款与类别股、股份回赎制度构成了美国20世纪毒丸计划兴起的法律基础。

在20世纪60年代美国并购潮中，敌意收购方通过在极短接受时间线内对目标公司的股份发起现金收购要约，对股东和公司高管构成风险。1965年，将要约收购定性为“工业破坏”的参议员威廉姆斯首次向国会提出议案，1968年《威廉姆斯法案》为回应一系列大型上市公司敌意收购事件应运而生。该法案制定基于两种判断：第一，保护面临敌意收购时处于困境中的个人投资者股东，其分散且信息不足，因而无法有效行使其作为股东的权利。第二，立法者认识到控制权市场理论下对表现不佳的公司进行收购可能对股东和整体经济有益，但也意识到其无力阻碍大量收购对效率和市场的负面效应。因此，法案试图通过强制信息披露平衡管理层、潜在收购者和股东利益。即使控制权市场理论强调收购效率价值与美国资本市场治理模式契合，[①] 立法者仍意识到过于宽松的并购制度中目标公司管理层和股东防御敌意收购中的劣势地位，因此，在反收购立法中注重弱

① 参见肖崇俊：《法经济学的限度——美国公司反收购立法的合宪性论争及其启示》，载《中国政法大学学报》2022年第2期。

势方救济，这表明美国开始关注目标公司在敌意收购中的应然利益。

在20世纪80年代收购潮中，1985年的Unocal案件建立了评估董事会采取防御措施以抵御敌意收购尝试的标准，是具有里程碑意义的控制权争夺范例。[①]该案中Mesa公司对Unocal公司发起敌意收购，Unocal董事会采取一项排他性自救措施，向除Mesa公司之外的所有股东提供股票回购计划，Mesa公司认为此措施不公平并向法院提起诉讼。美国特拉华州最高法院以弥补传统商业判断标准不足而建立的两阶段分析框架下的Unocal标准评估董事会对抗敌意收购尝试的防御措施是否合理：第一阶段是评估是否存在对公司政策和有效性的合理威胁；第二阶段是评估防御措施是否与所面临威胁成比例。裁决强调董事会在采取反收购措施时必须基于合理、具体的威胁，而不能仅基于对潜在威胁的假设而过度限制股东投票权、出售股份等基本权利。

1985年，美国特拉华州最高法院在Moran *v.* Household案中明确将毒丸计划合法化，其实质是Unocal案判决效力的延展。[②] Household公司董事会设立了一项外翻式毒丸的股东权利计划。该公司依据《特拉华州普通公司法》第157条a款关于各公司可以创设并发行股份认购权或者期权，授权持有人从公司取得任何类别的资本股股份，并由董事会批准的文书证明或者记载的规定，允许股东在收购方购买Household公司30%以上的股份或任一机构收购超过20%股份的情况出现时，以50%价格换购收购方普通股。[③] Moran公司的敌意收购被阻吓，其提起诉讼称法律不存在授权发行此权利的条款。美国证券交易委员会质疑Household公司董事会未经授权篡夺股东接受敌意要约的权利，并检视毒丸计划的监管问题与股东批准制度。但特拉华州最高法院认为：第一，毒丸不违背Unocal标准；第二，虽然《特拉华州普通公司法》第157条立法意图是便于公司融资而非控制权争夺，但其对此具体事项的态度是沉默而非禁止，面对新事物法律亦需迎合变迁的商业概念与需求；第三，毒丸并未改变公司治理结构。由此，毒丸计划在未经股东批准的情况下有效，这一新兴反收购措施被确认合法。20世纪80年代末，

---

① Unocal Corp. *v.* Mesa Petroleum Corp., 493 A. 2d 946(Del. Supr. 1985).

② Moran *v.* Household Int'l, Inc., 490 A. 2d 1059 (Del Ch. 1985).

③ 参见王晓：《美国公司反收购战中毒丸计划的法律分析》，载《证券市场导报》2007年第2期。

法院针对毒丸计划的司法审查进一步松绑 Unocal 标准对目标公司董事会决策权的限制。在派拉蒙通信公司诉时代公司案中，法院认可目标公司管理层提出的战略计划潜在价值高于要约收购而拒绝赎回毒丸。① 法官认为，非管理层中心的公司股东不具有专业能力，难以评估管理层决策及潜在后果，董事会在处理收购要约时负有确定该要约是否符合公司及其股东的最佳利益的基本义务，除非违背信义义务如出售公司或其资产损害公司价值以及股东利益，董事会在商业领域的判断应受尊重，毒丸计划运作在司法审查下逐渐被归属于目标公司董事会的职权。

21 世纪，在宏观经济变化和公司治理模式演进下美国适用毒丸计划的数量锐减，但判断毒丸合法性的司法审查仍然坚持 Unocal 标准与董事会优先权。2011 年，在 Air Products & Chemicals, Inc. *v.* Airgas Inc. 一案中，防御敌意收购要约的权力归属于董事得到进一步明确。该案的争议焦点在于，在现任董事会在选举竞争中失败、要约收购已发起较长时间以至于股东足够了解要约收购的情况下，董事会是否还能保留毒丸以阻止股东自行决定要约收购。② 最终特拉华州衡平法院认为：根据 Unocal 标准，董事会有发起毒丸的权利；根据 Unitrin 标准③，董事会在面临溢价收购时有维持毒丸的权利；由于决定公司控制权交易的主体是董事会，因此不能仅在敌意收购者以溢价提出收购要约时，强迫审查适用 Revlon 标准④；为保障毒丸计划在控制权争夺中的合理威慑力，司法裁判也认可毒丸计划不存在失效的固定期限。但美国特拉华州对于董事会决定毒丸计划的优先权并非无序扩张的，法院仍可能对非传统毒丸是否损害股东利益进行严格审查。新冠疫情发生后市场估值急剧下降和股东激进主义蔓延引发了大量上市公司对控制权的担忧，2020 年全年毒丸计划在美国公司的应用率上涨 183%，各种非传统毒丸计

---

① See Paramount Commc'ns Inc. *v.* QVC Network Inc., 637 A. 2d 34 (Del. 1994).

② See Air Products & Chemicals, Inc. *v.* Airgas Inc., 16 A. 3d 48 (Del. Ch. 2011).

③ Unitrin 标准：首先确定防御措施“过于严苛”以至于阻止或强迫股东选择后再适用 Unocal 标准。[See Unitrin, Inc. *v.* Am. Gen. Corp., 651 A. 2d 1361 (Del. 1995).]

④ Revlon 标准：当公司在出售过程中或面临实质性变化时，董事会的职责从保护公司转变为获取最佳可能的价格，以最大化股东价值。在特定情况下，董事会必须采取行动确保股东获得最高的经济利益，而不是仅保护公司免遭收购。[See Revlon, Inc. *v.* MacAndrews & Forbes Holdings, Inc., 506 A. 2d 173 (Del. 1986).]

划纷纷出现。[①] 2021 年，美国特拉华州衡平法院在威廉姆斯公司股东诉讼案中裁判董事会反激进毒丸无效。由于该公司的毒丸计划具有低触发门槛、对被动投资者的狭义豁免、实益所有权的宽泛定义以及设定禁止股东“一致行动”的条款等特征，法院判决认为其“极端特征组合”并非面向特定敌意收购威胁，反而限制了一般股东的积极性，董事会被判定违背信义义务。[②] 判决实质上表明该毒丸计划违反了 Unocal 标准，即所采用的防御措施与所面对的威胁未达到合理比例并对股东权利造成侵害。

伴随 Unocal 标准等范式下毒丸计划的兴起，美国立法者从强制收购方信息披露转向赋予目标公司自治防御能力、扩大董事会决策权以及建立完备合理的司法审查标准，试图平衡控制权争夺中目标公司管理层、股东与敌意收购方三方利益。

（二）日本式毒丸：股东优先权限制下的变式

1950 年的《日本商法典》为实现经济复兴目标，满足战后企业融资需求，修订引入了英美法特色的授权资本制，形成折中授权资本制。“折中”采取的是严格的公司资本制度判定方式，即授权发行规则受到期限或份额的限制。从法定资本制的股份一次全额发行向“四分之一”原则转变，即设立时发行份额不得低于授权发行数额的四分之一。条款限制性内容是新旧股东平等待遇原则的体现，但突出授权资本制优越性的是股份一次发行改为股份可分次发行，董事会可在一定条件下灵活多次发行新股表明在事实上其被赋予更大权限，体现了公司资本制度从固守资本确定性走向注重资本效率价值和资源配置功能发挥的价值趋向。21 世纪后，推进公司现代化制度改革背景下，日本公司资本制度存在从折中授权资本制转变为完全授权资本制的趋势。2001 年《日本商法典》修订，在授权资本制规则中加入例外条款，章程中规定转让股份经董事会同意的情形下，

---

① Ofer Eldar & Michael D. Wittry, “Crisis Poison Pills,” *Oxford Academic*, March. 5, 2024, accessed March. 18, 2024, https://doi.org/10.1093/rcfs/cfaa024.

② Poison Pills After Williams, “Not Only for When Lightning Strikes,” *Harvard Law School Forum on Corporate Governance*, March. 21, 2021, accessed March. 5, 2024, https://corpgov.law.harvard.edu/2021/03/21/poison-pills-after-williams-not-only-for-when-lightning-strikes/.

可以突破“四分之一”原则的限制。2005年《日本公司法》第37条规定，设立时发行股份总数，不得少于可发行股份总数的四分之一，拟设立的公司属于非公开股份公司除外。此外，《日本公司法》有例外规定，当新股发行导致公司控制权发生变化时，新股发行须经股东会表决。

在1950年之后，日本和美国同样具有毒丸计划的实施基础，但日本毒丸计划引入较晚，主要原因是日本具有独特的企业文化以及公司治理结构。在2005年前后，日本公司开始频繁遭受敌意收购的商业环境促使日本重新考虑以毒丸计划为代表的防御策略，但在毒丸计划在日本引入后，其采用率和实施效果与美国存在显著差异，原因主要在于：首先，日本市场经济压力较弱，支持敌意收购的社会情绪不高；其次，日本公司通常通过交叉持股、稳定的股东结构和密切的业务关系网络来保护自己免受敌意收购的威胁，而且日本法律体系和公司治理文化与利益相关者理论契合，强调股东及雇员权利和公司内部和谐，股东重视与管理层保持业务联系，而非最大限度地提高其股份的财务回报，因此，股东对毒丸计划的设计、执行的参与度更高；最后，在司法层面，日本法院对于毒丸计划的审查强调股东大会的批准和对公司价值的长期考量，较美国的Unocal标准更为严格，目标公司董事会并不享有董事优先权。

日本毒丸计划的引入始于2005年的“活力门收购事件”。[①] 在该收购案中，东京高等法院禁止目标公司发出的毒丸，其依据是日本传统司法理论中的主要目的规则：判断合法性的标准在于新股发行的主要目的，若目的完全为摊薄特定股东持股比例以防御敌意收购，则构成《日本公司法》第210条描述的“不正当发行”。在该案之前，东京高等法院通常只在目标公司无法证明向友好股东发行股票主要目的是筹集资金时才给予收购方禁令救济。在“活力门收购事件”发生不久后，日本经济产业省和法务省共同发布的收购指南中提到，虽然采取一些防御措施来维护公司价值是被允许的，但是对于特定收购活动是否会对公司价值产生负面影响应由股东进行判断，任何防御措施的实施都应该遵循股东的意志。收购指南强调了一项针对毒丸计划的重要原则：采用毒丸等防御策略是可以与日本公司法理论框架以及其对股东平等原则的重视兼容的。这一结合美国特拉华州

① 参见尹良富：《日本传媒公司股权争夺战案例》，载《中国记者》2005年第4期。

反收购理论的治理原则承认了毒丸法律技术移植在日本公司法下的合法性。

此后两年内，日本数百家公司开始持有毒丸计划的防御策略。这一时期日本式毒丸计划尝试经过司法实践在技术细节上进一步实现本土建构。在 2007 年的尼利可案中，目标公司免费配发类似于内翻式毒丸的认股权证，该权证在当潜在收购人收购 20%以上股份时可换取公司额外股份。但由于《日本公司法》实行“法无授权即禁止”原则，认股权证没有可靠的公司法依据从而不可与其所附带的相关股份一起转让，导致对普通股股东也产生不利后果，被东京地方法院判定损害股东经济利益。在尼利可案后，遭到重重限制的日本式毒丸专注于威慑作用的发挥，通常发布公告声明公司可发起毒丸，以获取收购要约信息供股东审议。然而，美国式毒丸的威慑力在于司法审查范式下对董事会优先权的承认，毒丸进入司法程序后也难以被赎回，日本式毒丸进入司法后却极易遭到禁止，因此，日本式毒丸的威慑力相比之下更弱，也因此在后来的十几年内式微。近年来，日本公司与美国公司同样遭受股东激进主义的威胁，如何构建防御措施也成为日本公司治理焦点，从近两年的司法判决看，日本仍坚定选择将股东意志作为判断毒丸合法性的根本参量。

有学者认为，现代公司处于股东中心主义与利益相关者主义间治理周期的不同阶段，两者的中心因素是相互作用、动态平衡的。而日本则是从利益相关者主义向股东中心主义渐进的典范。回溯日本式毒丸发展的曲折历程，1950 年日本形成的折中授权资本制及相关条款是毒丸计划赖以生存的规范基础，但其“四分之一”代表的股东平等待遇原则也揭示了毒丸计划在日本适用困难的根本原因：股东中心主义的公司法和迈向股东会中心主义的公司治理模式。此外，日本毒丸计划保护的公司价值难以衡量，涉及溢价要约、普通股东或收购方基本权利或利益相关者主义理论下的员工、关联公司或银行利益，加上审查标准的缺失，法院在个案中具有较大的自由裁量权。

（三）域外经验下我国毒丸法律规制应然立场：保持中立

美国和日本对毒丸计划的制度供给和规制的经验代表两种模式：美国采取“授权资本制—董事优先—司法审查”模式；日本采取“折中授权资本制—股东

优先—立法与司法结合”模式。两种模式的内部运作并不绝对相异，均以司法判例调整不同时期的规制倾向。

剖析美国、日本的模式以寻找我国法律的规制立场需要结合我国现行法律框架。近年来我国公司法修订草案的陆续出台引发了围绕股东中心或董事中心的公司治理模式讨论，2023 年《公司法》颁布后，普遍认为公司决策权更多被赋予董事会，公司法具有董事会中心主义倾向，授权资本制的引入，新股发行权限从股东会转移到董事会、法定资本制向授权资本制的转变，与股东会中心主义向董事会中心主义转变的趋向契合。然而，在董事会中心主义的趋势下，我国规制毒丸是否应效仿美国给予董事优先权仍需综合衡量。严格来说，我国授权发行规则由于受发行时间、份额的限制，对比《日本商法典》单独的份额限制，是更为典型的折中资本制。差异化的授权资本制下的毒丸计划表现大相径庭。折中资本制是对法定资本的低效性与授权资本的不安全性的双重质疑，而份额、时间限制的直接目的是对董事会的限权与股东平等原则的考量，毒丸计划的发起与合法性判定正是依赖于董事会商业判断权限的扩张和对股东平等原则的突破，这可以从一个侧面解释美国式毒丸与日本式毒丸的效用差距：美国对毒丸计划司法审查下的董事优先权稳步扩张；出于法律与政治文化差异，美国对股东平等原则的重视也远不及日本。

因此，在法定资本制和同股同权原则刚被打破，资本市场法律处于转轨阶段的背景下，我国毒丸法律规制应保持中立立场：第一，在并购法律体系内部，对收购方与反收购方保持中立。20 世纪中叶后，美国发生并购浪潮，美国法经济学者曼恩提出公司控制权市场理论，认为存在外部投资者通过收购改变公司控制权以纠正公司内部治理失败的机制。在《威廉姆斯法案》的立法进程中，公司控制权市场理论实质上改变了国会对要约收购的负面立场，奠定了美国立法者对控制权争夺的中立态度。多次并购潮与美国高度尊重企业自治的资本市场环境催生控制权争夺的防御策略以及对反收购措施合法性的司法论证，最终形成了中立的综合型并购法律体系。毒丸计划的创造和兴起并非偶然，而是在高度自由、宽松化的法律体系中得以完成的。在公司控制权争夺中，我国现行并购法律体系的天平仍然偏向于收购方，因此，保持中立须对弱势方进行救济，应构建赋权型规则主导、监管程序简化的反收购制度，给予被收购方防御武器。第二，在目标公司内部，并购法律体系对毒丸计划决策权保持中立，避免完全剥离董事会决策权导致制度空间丧失，或强行扩大董事会权限造成制度与实际的脱节。我国现有判定反收购合法性的法律规范是《上市公司收购管理办法》，鉴于毒丸计划并不能依《上市公司收购管理办法》直接被判断合法与否，本文认为，可参照日本的先司法后立法模式。毒丸计划实际应用后，司法机关可能审查毒丸计划未经目标公司股东会批准是否合法或目标公司董事是否违反信义义务，通过司法案例总结规制经验，对《上市公司收购管理办法》作出适用解释，并在立法中确定最终规制模式。

四、中立立场下毒丸计划配套制度完善路径

毒丸计划作为高效反收购措施，在2023年《公司法》引入授权资本制和并购法律体系规范化演进的背景下可实施性极大提高，应成为反收购制度构建的基础并融入并购法律体系。现有制度框架下关于毒丸计划实施存在诸多制度缺位，应从中立立场出发，平衡各方利益，完善毒丸计划配套制度。

（一）目标公司内部制度完善路径：建立信义义务审查标准

在目标公司内部实行中立立场，并购法律可将毒丸计划合法性审查与董事会与股东会的决策权争议先行交给司法实务判定，不急于作制度选择，保持柔性，以具有高适应性和灵活性的方式应对控制权市场和法律技术的发展变化。中立立场下，毒丸决策权的归属属于未决事项，因此，在控制权争夺中，股东在两权分离的情况下处于劣势，亟须运用董事信义义务处理目标公司内部的协调与代理问题。

股权分散、控股股东较少的情况下，控制权争夺的关键是处理目标公司董事会与全体股东之间的代理关系。中立立场下，董事会有发起毒丸计划的可能，而接受要约收购或反收购决策权完全归属于董事会，控制权实质由目标公司董事会持有。20世纪30年代，有学者提出经理主义理论：管理者的目标是在法律与商业限制下最大化自身权力与财富。经理主义的核心在于优先考虑经营者的利益，

与基于股东利益最大化原则下，旨在通过薪酬合同设计使经营者与股东利益保持一致的代理理论存在根本差异。根据上述分析，在管理层控制模式下，全体股东失去了公司控制权，构成了所有权与控制权完全分离，美国法律语境下的董事会中心主义代表管理层控制下的两权分离。① 因此，在控制权交易过程中，实际进行交易的主体为收购方与目标公司股东，而控制权交易实际发生在收购方与目标公司董事会之间，由此催生目标公司董事与股东间的代理与协调问题。

首先，目标公司股东在控制权争夺中的利益在于高收购报价带来的财富回报，而目标公司董事会在控制权争夺中的利益可能是代理理论下与股东利益协调一致的薪酬激励，也有可能是经理主义理论下源于控制权转移后对权力和薪酬减损考量，无视股东利益发动反收购措施的私利。前者如马斯克收购推特公司案，面对马斯克远高于推特公司估值的报价，董事会实施的毒丸计划使得马斯克提高数亿美元才得以成交，收购完成2日后马斯克即宣布高管裁员计划，推特公司董事会并非出于私利而坚持毒丸计划，履行了信义义务。后者如德国曼内斯曼案，目标公司被收购后向收购方首席执行官进行了经济补偿，引发了巨大的舆论争议。其次，目标公司董事会与目标公司股东之间存在信息不对称，存在对待不同要约收购的主观倾向等协调问题。

对此，可区分代理与协调问题，以建立董事信义义务审查标准。董事信义义务包含忠实义务和勤勉义务，根据2023年《公司法》第180条，忠实义务是指董事应当采取措施避免自身利益与公司利益冲突，不得利用职权牟取不正当利益；勤勉义务是指董事执行职务应当为公司的最大利益尽到管理者通常应有的合理注意。在控制权争夺中，目标公司董事与股东间的利益冲突涉及违反忠实义务，而协调问题涉及勤勉义务。

在代理问题上，本文认为，可有选择性借鉴美国制定的反收购审查标准。在毒丸计划具有可实施性并载于目标公司章程反收购条款的情况下，敌意收购方碍于毒丸，可能会利用2023年《公司法》第153条关于三分之二以上董事决议通过方可发行新股的规定，通过购入表决权以选举董事，发起代理人战争，从而从

① 参见刘晶：《美国董事会中心主义历史溯源及其对我国〈公司法〉修改的启示》，载《经贸法律评论》2021年第3期。

根本上阻碍毒丸发出。目标公司发现并制止这一行为是否属于违反忠实义务，可通过审查董事行为是否出于保障股东会公正选举董事会的程序之目的，进行综合评判。

在协调问题上，勤勉义务审查标准主要建立在董事作为管理层具有专业能力、享有信息优势的事实基础上，可以包括：潜在收购方买入目标公司股份时，目标公司董事对收购方从二级市场购入股份、从股东处购入股份数额等应尽合理注意义务；当潜在收购方达到信息披露标准时应尽合理注意义务；毒丸发出阶段，董事应审慎评估新股发行份额以及对公司长期利益、股东利益的潜在影响，权衡必要性、比例性；根据《上市公司收购管理办法》第 8 条公平对待收购人，以公司利益作为判断不同要约收购的准则。

（二）反收购制度完善路径：强化规范供给

中立立场下，目标公司反收购制度供给不足，亟须向反收购方的制度进行利益倾斜。应加强 2023 年《公司法》第 152 条的规范供给，为毒丸计划实施排除障碍。

第一，扩大解释“股份”。毒丸计划最重要的配套措施是对 2023 年《公司法》第 152 条以及相关条款的扩大解释。将第 152 条规定的“股份”扩大解释为认购股权、认购凭证或任何一种权利载体，是新股发行的基础。通过对股份的词源追溯，“股份”的扩大解释有可行性，例如，可将股份解释为投资市场的股本单位、企业的所有权要素份额或对公司的部分拥有权。综合来看，股份是一种附带权利的凭证，或者直接可以被视为一种涵盖了财产权元素、参与公司治理的权利的特定形式的凭证。因此，不论是可转换优先股或期权计划，均是权利载体，与股份本质相同。

第二，重新衡量“非货币财产作价出资的应当经股东会决议”。依据 2023 年《公司法》第 152 条的限制性规定，非货币财产作价的出资无法进入发行行列。这是非现金出资公允性评判模式的体现。我国上市公司股份构成中资产比例较高，大量股份无法被发行，该条款可能导致毒丸计划无法起到稀释作用，甚至使授权资本制在众多公司难以实现。《美国示范公司法》关于股份对价的充足性判断，也经历了严格的对价真实性导向向善意规则的转变，即不强制董事评估对价的真实性且董事接受对价的决定是终局的。这昭示了美国授权发行规则所追求的是高效率与柔性。在我国公司法实践中，股东评估这类出资的能力有限，非货币资产如知识产权、技术专利或不动产甚至新兴的融资债券等本身就涉及复杂的技术和市场分析，需要专业知识、经验。理论上，将新股发行权限分配给董事会也应将评估对价是否充分事项一并转交，强迫股东基于集体利益表决是违背公司利益的。

第三，50%发行份额限制和 3 年限制有扩大空间。目前采用折中授权资本制的国家中，典型的折中资本制是《日本商法典》的“四分之一”原则，即已发行股份额度是授权发行股份的四分之一，而期限通常是 5 年。2001 年《日本商法典》放弃折中资本制，是对于公司融资需求、灵活度需要的回应。随着我国资本市场的发展，从折中授权资本制向授权资本制演变这一趋势无可避免。

五、结语

毒丸计划作为一种防御敌意收购的策略，其在全球范围内的应用和讨论揭示了控制权争夺中公司治理中的复杂性和多样性。引入授权资本制的 2023 年《公司法》为毒丸计划在我国的实施提供了可能性，而美国、日本的毒丸计划实施情况表明毒丸计划的设计和应用反映了不同法域的法律文化、市场环境和公司治理结构的独特性。随着并购法律体系的演进和资本市场的成熟，毒丸计划在我国的引入和完善将是公司法学的重要议题。

在多年发展中，我国并购法律体系逐渐形成了更加平衡和综合的治理视角，为毒丸计划提供了实施的法律基础和制度空间。授权资本制下毒丸计划实施方案以及其发起、释放和回赎各阶段的具体操作，展现了毒丸计划在我国可能的应用路径和潜在价值。本文通过对国内外毒丸规制的差异化剖析，指出在制订毒丸计划及相关反收购策略时，须考虑到各国不同的法律框架、文化倾向。因此，从中立立场出发，应完善毒丸计划及其配套制度，平衡目标公司和收购者等各方利益。

有限责任公司股东除名程序的体系构建

龙依吾*

摘要：我国现行有限责任公司股东除名规则缺乏对除名程序的周延规定，在实践中未能达到制度预想的法律效果，引发了司法适用的争议。本文归纳总结股东除名程序的不完备之处，主要包括：一是整体上缺失了启动程序与救济程序；二是前置程序与实行程序不详尽、不具体。因此，应当在整体股东除名程序规则的架构之上增加启动程序与救济程序，并进一步完善各部分的规范细则。

关键词：除名程序　催告　期间　表决权排除　救济

一、问题的提出

程序正当是保证法律得以实施的重要原则，法律规定规则运行方式的意图是将某些规则程序限定在可以被控制的范围内，以免生出额外的枝节增添更多的纠纷。在私法的范畴里，正当的程序既能有效解决纠纷，也能节约社会资源，防止权利的流失或者滥用。在具体的法律适用中，公正合理的程序能够最大地发挥法律规定的作用与价值。《最高人民法院关于适用〈中华人民共和国公司法〉若干问题的规定（三）》（以下简称《公司法解释三》）第17条规定，有限责任公

* 中国政法大学民商经济法学院博士研究生。

司经股东会决议可解除未履行出资义务或抽逃全部出资的股东资格。该条给公司内部治理提供了参考指引，当股东的特定行为与法律所规定的内容吻合时，公司可以自行决定是否对该股东适用除名规则。换言之，公司治理过程中，可根据公司的经营状况、成员关系等因素决定是否启动除名程序将问题股东剔除出公司，又或者股东的不适宜行为已经达到解除其股东资格的程度，公司亦可综合考虑，从整体利益出发决定不解除该股东资格。但是公司一旦决定启用除名规则，只有在遵守法律所规定的除名程序前提下，经过法定程序解除股东资格的行为才具有正当性。一方面，以除名规则解决股东导致的公司危机，最大限度地维持公司稳定；另一方面，遵守法定除名程序，以最大限度地平等保护每一个股东的利益，防止别有用心股东滥用该规则。因此，周延的除名程序能更好地保护股东、公司甚至债权人的利益。

笔者认为，从规则的完整性的角度出发，我国除名程序应当包括启动程序、前置程序、实行程序、救济程序四个方面。纵观《公司法解释三》第 17 条规定，我国的股东除名程序包括前置催告程序以及大致实行程序，细节不甚详尽。一是缺失启动程序，股东除名规则本身是作为强制解散公司的替代机制而被设计，其严厉程度仅次于公司解散。解除股东资格于股东和公司而言都会产生极大影响，因此应谨慎适用；二是前置程序不详尽，《公司法解释三》第 17 条规定了在采取除名行为之前，应当先行催告拟被除名股东，并给予合理的宽限期，却未具体规定催告主体、催告方式以及具体宽限期间；三是实行程序不明确，即应采用何种方式表决通过除名决议以及除名决议效力确认问题；四是缺少救济程序，实践中对被除名股东救济大多是以诉讼的方式来实现，通过请求公司决议无效，对股东身份进行确认以实现救济目的。

二、股东除名启动程序的创设

适用股东除名规则的后果是被除名股东丧失其在公司的股东资格。股东一旦被解除股东资格，和公司之间的法律关系归于灭失，股东资格的被强制剥夺，不再享有股东权利。于股东而言，将其从公司除名是一种严重的措施，被除名股东丧失其股东资格、所享股权、管理权限等一切因公司而产生的权益。于公司而言，股东资格被解除，意味着公司可能产生成员、股东持股比例、管理层职位等改变，这些变动势必影响公司的格局和运行，破坏公司的稳定性。因此，股东除名规则的适用应谨慎。

（一）增加启动条件

考虑到股东除名规则的严厉性以及对有限责任公司股东的平等保护，更是为了维护公司的稳定发展，该规则应当被谨慎适用。除名规则被认为是解决公司内部困境的最后手段，[①] 是在穷尽其他有效救济或处置措施仍无法使公司摆脱危机局面时不得不为的手段。笔者认为，在公司治理中，时常会出现公司经营困境或者股东之间产生矛盾，若是除名制被不加限制地被启用，这项制度可能会成为股东成员之间“排除异己”的工具。除名程序启动条件可能并非严格意义上的程序条件，但启动条件是开始除名程序的第一步，因此有必要增加启动条件，定下除名程序的总体基调。笔者认为，针对目前股东除名规则的内容，除名事由主要针对股东的问题出资，启动除名程序应以公司已出现经营困难且困局是拟被除名股东不出资和抽逃行为所造成的为前提，即当股东的问题出资行为影响了公司的正常经营活动时，应当适用该规则将其剔除出公司。反之，若股东的问题出资行为对公司的经营活动毫无影响，则不必通过将其剔除出公司的方式来处理该问题，限制股东的某些股东权利也可以起到催缴出资或者返还出资的目的。

（二）确定启动主体

我国股东除名程序的相关规定并未涉及该程序的启动主体。启动除名程序的主体是指谁有权利提出解除问题出资股东的股东资格。公司治理中的主体通常涉及三种：公司、股东及公司债权人。首先，公司作为公司内部治理的主体，当然享有解除股东资格的权利。启用股东除名程序并非为了特定的某一位股东的利益，其目的是保护全体股东及公司的整体利益。公司作为团体，在团体自治理论的支撑下，有权对其内部的每位成员进行管理。因此，公司应当享有启动除名程

① 参见李建红、赵栋：《股东失权的制度价值及其对中国的借鉴意义》，载《政治与法律》2011 年第 12 期。

序的权利。但公司并不存在独立的意思，一般由股东会与董事会形成相应的意思表示。董事会是公司的日常经营机构，相较于股东会，其更了解公司资金状况，因此公司作为主体提起启动除名程序时，董事会是较为适宜的执行机构。其次，股东作为公司成员，亦有权提起启动除名程序。股东们的一致同意是公司得以成立的前提，股东出资是公司经营的物质基础。公司成立之初的日常经营活动资金来源于股东的出资，因营商环境的日益宽松允许股东限期认缴出资即可成立有限责任公司，公司资金的灵活性因此提高。但在公司治理中，股东的问题出资行为既是对公司的违约，亦是对其他股东的违约。因此，其他股东也应享有启动除名程序的权利。最后，公司债权人作为公司的利益相关者，不应享有启动股东除名程序的权利。这是由于公司债权人与公司的交易行为，使之成为公司的债权人，即公司债权人的相对方是公司，而非公司股东。而解除特定股东的股东资格的权利基础是股东与公司之间的债权债务关系，涉及的是股东与公司之间的法律关系，分属公司内部治理行为，与第三人的关系不大。因此，若将公司债权人列为启动除名程序的主体，既超出了公司内部治理的范畴，亦无具体的权利基础支撑。

三、股东除名前置程序的细化

股东除名规则的前置程序表现为通知程序,① 通知程序的内容主要是公司应当履行的义务，主要包括通知被除名股东与确定合理宽限期。具体内容是指在公司实施解除股东资格方案前，应当尊重拟被除名股东的知情权，以恰当的方式告知其将被解除股东的事实，并给予一定的宽限期，督促该股东对导致其被除名的不恰当行为进行补救。

（一）应当履行通知义务

基于《公司法解释三》第 17 条规定的法定除名事由仅限于出资股东严重出资问题，包括股东未履行出资义务与抽逃全部出资，暂时未对其他事由有所规

① 参见李建伟：《有限责任公司的股东除名制度研究》，载《法学评论》2015 年第 2 期。

定，因此，通知义务的主要内容基本被限定在催促股东尽快缴纳其应缴出资额或催促股东尽快返还其抽逃出资。

1. 通知形式

公司告知的形式大致可以概括为通知与公告两种。通知以能被对方收悉为标准，大多要求以书面的形式通知对方，如有限责任公司股东优先购买权规则中，股东应就其意图转让所享有公司股权事项采用书面的方式[①]或者以确认能被收悉的合理方式[②]通知其他股东。公告是公司针对不特定人群发出的告知行为，如在公司进行清算时，须根据公司的规模在有影响力的报纸上进行公告。[③] 在适用除名程序之前，应当通知拟被除名的股东。为避免实践中因通知形式的差错，应增加确定的通知形式要求。考虑到解除股东资格针对的是具体的股东，应采取能被该股东收悉的方式进行通知，而非以刊登报纸的方式公告，公告仅作为通知的补充形式存在。[④]

2. 应要求公司确定通知主体，履行催缴义务

股东认缴相应的出资额后，与公司之间存在出资债权债务关系，[⑤] 公司享有出资债权，股东负有出资义务。公司既有权利也有义务督促未出资股东缴纳其应缴出资。另外，股东实际履行其出资义务后，又抽逃其交付给公司的资金，构成对公司独立财产的侵害，亦有权要求其返还。但公司毕竟是拟制的人，无法自己形成独立的意识，讨论公司的通知主体身份并无意义。公司的意思表示依靠公司机关通过某些程序形成团体意思，公司章程是体现团体意思表示的方式之一，若公司章程中规定了催缴股东出资的主体，当然应该尊重公司自治，以章程的内容为准，确定通知主体。

但实践中常常出现的情况是，公司章程并未记载有关催缴主体的内容。当股

---

① 参见《公司法》第 84 条的规定。

② 参见《最高人民法院关于适用〈中华人民共和国公司法〉若干问题的规定（四）》第 17 条的规定。

③ 参见《最高人民法院关于适用〈中华人民共和国公司法〉若干问题的规定（二）》第 11 条的规定。

④ 参见薛波：《公司减资违反通知义务时股东的赔偿责任——〈最高人民法院公报〉载“德力西案”评释》，载《北方法学》2019 年第 3 期。

⑤ 参见丁勇：《认缴制后公司法资本规则的革新》，载《法学研究》2018 年第 2 期。

东的认缴出资额已届期时，可能出现无人催缴或是多人催缴的情况。前者侵害公司的独立财产权，损害公司利益，后者可能造成公司治理混乱复杂的局面。在此情况下，公司该如何确认通知主体？笔者认为，一是通过修改公司章程的方式，将通知主体记载于公司章程之中；二是通过股东会决议的方式，形成此次对拟被除名股东的通知义务主体。无论采取何种方式，都仅是以文字的方式记载以确定通知的主体。于公司和股东而言，重要的是如何确定通知的主体。

笔者认为，有限责任公司应当确定董事会为股东除名前置程序的通知主体。一是基于我国推行限期认缴制的经济环境而考虑。推行限期认缴制的其中一个核心目的即是适当增强公司资金的流动性与使用弹性，以公司经营状况为标准，及时调整公司资金的流向。董事会是公司成立之后负责公司经营管理的常设机构，公司中最了解经营状况的莫过于董事会，将董事会确定为除名前置程序的通知主体是最符合限期认缴制经济背景要求的。二是基于对董事的信义义务要求。我国《公司法》规定董事对公司负有忠实义务和勤勉义务，[①]《公司法解释三》第 13 条进一步确定了催缴义务为董事信义义务的内容之一。

（二）应当确定合理期间

催告程序包括通知股东及给予宽限期。进行除名决议之前，公司应给予被除名股东一定的宽限期，即在公司决定对特定股东行使除名权之前，首先要以能被该股东知悉的方式通知其将被解除股东资格的计划，之后给予一定宽限期，敦促其在合理期间缴纳出资或返还抽逃出资。实践中，由于对合理期间并无明确规定，公司认可的合理期间也并不一致。当发生因适用除名规则而产生股东资格确认纠纷之时，亦无统一的标准指导司法审判，法官只能凭借自己的经验来确定期限是否合理，或是只要存在宽限期即认为公司已履行了催告程序。

笔者认为，合理期间过短或者过长对被除名股东、公司甚至债权人都会产生不利的影响。设置合理宽限期既是为了保障公司资本充实，也是为了弥补股东之

① 参见《公司法》第 180 条的规定。

间人合性出现裂缝的措施。如果合理期间过短,[①] 一则可能影响补救措施的效果，公司面临减资或者股东结构变化的风险，二则该制度本身容易被控股股东或大股东利用，成为其排除异己、滥用权利的工具。如果合理期间过长，既会持续增加公司面临资金不足的窘况，放任公司和其他股东的损害结果蔓延，又会加重股东间的人合性裂痕。此外，合理期间如由法律规定得过于死板，则期间的弹性会有欠缺，难以满足不同公司的经营状况和不同股东之间多样化的需求。但如果放任公司自治，完全以股东会甚至董事会来确认期间的长短，则给公司的实际控制人“肆意妄为”留下空间，不仅会损害中小股东利益，还有可能损害公司整体利益。因此，笔者认为不应由法律确定期间，而是应该设定补救期间的最低标准和最高标准。通常商法对于各类商事请求权皆以短期时效主义为准，一般会短于普通的诉讼时效。借鉴各类商事法律法规对于时效的安排，以及参考各类司法审判实践案例中大多数公司正常情况下给出的期间，可以将催告的合理期间规定在 1 个月到 6 个月之间。在此基础之上，股东补缴出资或返还全部出资的具体宽限期可以结合其认缴出资金额的大小、目前的财务状况、已逾期缴付出资的时间长短以及公司经营危机的具体严重程度，由董事会来确定。总的原则应当是在尊重法律规定的法定期限的情况下，尊重公司的意思自治。

四、股东除名实行程序的完善

股东除名规则的实行程序主要为了形成解除股东资格的决议，其中包括股东会召集程序、决议表决程序以及决议效力确认程序。从股东除名规则的性质来看，它是强制消灭股东身份地位及权利的惩罚制度；从股东除名规则的整体效应来看，它是起决定性作用的关键步骤，是公司强制解除股东资格的必经程序。实行程序的周延程度与除名规则的效力成正比，越周延的实行程序越能充分发挥既有除名规则的价值，保障股东、公司及债权人的利益。

首先，单从《公司法解释三》第 17 条的规定来看，仅确定了有权作出除名

---

① 参见陆某等诉韩某娟股东资格确认纠纷案，北京市朝阳区人民法院（2014）朝民（商）初字第 37511 号民事判决书。

决议的机构为股东会，其余均未有明确规定。换言之，我国的股东除名实行程序整体上缺少有关股东会召集程序、决议效力确认程序的相关规定，实行细节上亦缺少表决程序的实行标准。

其次，除名决议表决程序在《公司法解释三》第17条虽有体现，但仅是确立股东会为除名决议机关，具体采用何种表决方式，以及是否应对拟被除名股东采用表决权排除规则未作规定。具体而言，一是股东会的表决方式是由《公司法》规定还是授权公司自行选择；二是有效除名决议的产生是以普通决议为标准还是以特别决议为标准；三是被除名股东是否可以参与本人的除名决议表决。

最后，缺少除名决议的效力确认规定。考虑到解除股东资格的严厉性，是否需要介入公权力来保障股东的利益？除名决议效力是完全以私法自治为原则，默认该决议形成即可约束股东，还是需经过司法机关或者特定机关对其效力进行确认？目前我国《公司法》及其司法解释并未规定确认股东效力的相关的事项，但司法实践中已经存在请求确认股东除名决议有效或者无效的诉讼。①

综上，针对股东除名实行程序目前存在的问题，笔者认为应从确认召集程序、完善表决程序、增加效力确认程序三方面入手，补齐实行程序的各个环节，保证公司解除股东资格的全过程贯彻程序正义原则。

（一）确认召集程序

首先，应遵循《公司法》有关股东会议召集程序的一般规则，确定董事会为股东会议的召集主体。《公司法解释三》第17条未规定股东会召开股东除名会议应由公司的某个具体机构召集，股东除名程序本身属公司内部治理程序的范围，遵循《公司法》的一般规定即可。依据《公司法》的规定，有限责任公司召开股东会由董事会召集，不设董事会的由执行董事召集。②

其次，除名决议股东会议出席股东数应当满足法定的股权比例要求。出席要求又称定足数，是指法律规定有效的股东会议应当有代表一定比例以上股权的股

① 参见张某旗、付某龙等股东资格确认纠纷案，江西省抚州市中级人民法院（2022）赣10民终94号民事判决书。

② 参见《公司法》第63条的规定。

东出席。[①]考虑到有限责任公司的股东成员人数差距较大，最少可是1人，最多可是50人，[②] 我国《公司法》及其司法解释并未对有限责任公司股东会议的出席人数有比较硬性的规定，公司可根据《公司法》的授权，依据经营发展规模的变化，在章程中自行规定。具体到股东除名实行程序，笔者认为，除名股东会议的出席人数可以视公司的具体情况而定，但仍应满足超过享有表决权三分之二以上的股东出席，以配合之后的表决程序。

（二）完善表决程序

《公司法解释三》规定了适用股东除名规则的方式是由股东会会议作出解除股东资格的决议，但是对于具体的实施细则没有更多的规定。虽说可以适用《公司法》中有关有效股东会决议表决的规则，但由于除名是一项较为严重的惩罚股东的措施，所以应该明晰一些具体的规则以供表决程序适用。

1. 表决方式应采用绝对多数决规则

依据我国《公司法》的规定，对涉及公司重大利益的决策须经代表三分之二以上表决权的股东通过。[③] 在无章程特别约定的情况下，有限责任公司股东按照出资比例行使表决权。[④] 有限责任公司虽没有和股份有限公司一样将股权分成单位股份，但仍然遵循股权平等的一般规则。若章程无特别约定，形成公司决议采用资本多数决的方式，即法律要求有效决议的形成需要出席股权的多数通过。多数决规则又分为绝对多数决和简单多数决，结合我国有限责任公司的实际情况，股东会决议分为普通决议和特别决议，普通决议针对公司的日常管理事项，一般采用简单多数决，代表持股比例过半数通过即可；特别决议针对公司的特别即重大事项，采用绝对多数决的表决规则，需代表持股比例三分之二以上股东通过，才能形成有效决议。[⑤] 公司解除股东资格行为的法律后果是股东成员、股权结构、公司资本等变化，随之而来的修改公司章程、变更登记等法定程序，属公

① 参见施天涛：《公司法论》，法律出版社2018年版，第334页。

② 参见《公司法》第42条的规定。

③ 参见《公司法》第66条的规定。

④ 参见《公司法》第65条的规定。

⑤ 参见施天涛：《公司法论》，法律出版社2018年版，第335页。

司变动的重大事项，应采用绝对多数决的表决规则。

2. 应对拟被除名股东适用表决权排除规则

股东表决权排除规则又称表决权回避规则，是指在召开股东会会议时，决议的内容与某一股东之间存在特定的切身利益关系，则该股东应当就该决议内容进行适当的回避，不得在该次决议中行使其享有的表决权。对于股东除名决议程序是否必须适用表决权排除规则，一直存在争议，认为必须适用的理由大多是，该规则本身的价值在于防止控股股东滥用其控股地位行使表决权，保护公司即中小股东的利益不受损害；[①] 认为不应适用的理由大多是，法律运用的前提必须遵循"有法可依"原则，即在法律无明文规定的前提下，不得随意进行扩张运用，依据我国《公司法》，可适用表决权排除规则的事项并不包括股东除名规则。

笔者认为，在股东除名决议的表决程序中，应当适用表决权排除规则。一是从公司治理方面来看，公司控股股东不能凭借公司资本多数决的表决方式滥用股东权利，否定对其不利的股东会决议，逃避自身责任，损害公司和中小股东利益；[②] 二是从股东除名程序本身出发，拟被除名股东和股东会决议的结果息息相关，如果公司章程约定的是按出资比例行使表决权，且拟被除名股东恰好又是控股股东，若不排除该股东的表决权，则股东除名规则也就形同虚设了，公司的利益得不到保障，股东间嫌隙也得不到修复。三是从股东除名规则的性质来看，该规则本身即具有惩罚性质，惩罚本人还需本人同意的规则不符常理，且拟被除名股东由于犯错在前，损害公司与其他股东利益在先，在确认其是否还能继续享有股东资格之前限制其部分股东权利，也并不能算是违反了股东间的平等原则。

（三）增加效力确认程序

解除股东资格的决议效力应经专门组织或者司法机关确认。一般而言，如果某一股东会决议是依法定程序形成的，则该决议自动生效，对公司及全体股东产生约束力。但是股东除名规则的严厉性及严重的影响性决定了除名决议并不会是

① 参见徐子良、赵炜、熊燕：《对未出资股东除名决议的表决权排除规则适用》，载《人民司法》2015 年第 12 期。

② 参见张磊：《资本认缴制下股东除名制度研究》，载《经济问题》2018 年第 6 期。

一个公司普通决议。同时，在我国日益宽松的营商环境中，虽然，公司自治理论贯彻公司治理的全过程，但是，并不意味着法律放弃了对公司行为的约束，对可能影响社会经济稳定向好发展的公司行为依旧需要公权力的介入与规制。笔者认为，为了避免大股东利用股东除名规则排挤小股东，也为了增加公司及社会经济发展的稳定性，理应增加相应的股东除名决议审查机制，增加某些权威机关对除名决议的审查程序，以确定该决议的效力。目前我国公司法实践中对股东决议效力的确认包括两种：一是直接认定股东会决议有效，公司及股东执行股东会决议。这大多出现在无纠纷的情况下，公司、股东甚至包括被解除股东资格的股东皆认可该决议的效力。二是通过向法院提起股东资格确认之诉或是决议无效之诉来认定股东会决议的效力。因此，若把效力确认程序作为除名决议程序的一部分，形成固定确认模式，增加确定效力的机关，既能保证决议的权威性，督促公司和股东履行决议，也能避免司法资源的浪费。

五、股东除名救济程序的补强

救济是保障权利的手段之一，有利益冲突就会存在纷争，有纷争就需要裁决，就需要保障弱势群体的利益不受侵害。公司与股东皆为经济市场主体，当彼此利益一致时，并不会产生纷争，亦无须裁判者以经裁判后的救济为保障手段。当公司与股东间利益不一致时，难免会产生纠纷，此时就需要中立裁判者的帮助，这既是平衡双方的利益，亦是保障裁判后弱势一方利益的要求。我国《公司法解释三》第 17 条为股东除名规则的司法审判提供了指引。虽然，其为公司内部治理提供了参考模板，能较好地解决有限责任公司资合性和人合性的危机；但是，其缺乏救济程序是对被解除股东资格公司成员利益保护的疏忽。当被除名股东有可能成为公司内斗的牺牲品时，亦需要允许其通过恰当合法的手段来保障自身的权益。加之，公司和股东具有平等的民事主体地位，当一方对另一方实施超越私法规制范畴的行为时，私法亦有义务保障弱势主体的民事权利，因此，救济程序紧迫且必要。股东除名规则确实会强行剥夺被除名股东的股东资格，但是剥夺了被除名股东的权利不代表不保障股东的权利。若是发生除名不当的情况，不管是除名决议程序不当抑或适用除名规则不当，被除名股东的权益都应当得到救济。[①]

救济方式分为私力救济与公力救济两种。私力救济是在必要限度内采取实施自己维护自己合法权益的必要手段免受不法侵害的一个动态过程。换言之，当发生了具有现实紧迫性的矛盾，在公力救济无法及时提供帮助时，当事人迫不得已，自己通过一些极端的手段保护自己合法权益，这些手段有可能损害他人权益，而这种在现实紧迫下的损害在法律所允许的范围内。笔者认为，股东被解除股东资格并不是具有现实紧迫性的状态，而且股东资格纠纷若是通过私力救济有成效，也不会有股东间的纠纷出现。我国《公司法》规定了当股东会决议内容或者程序上有瑕疵时，可以请求人民法院确认决议无效或者撤销决议，这也是目前被除名股东最常运用的救济方式之一。

有限责任公司与合伙企业具有紧密的历史渊源，较强的人合性特征是它们的共同特点。况且，股东除名规则最开始出现在我国的《合伙企业法》中，后延伸至有限责任公司。合伙企业中，若合伙人对除名决议存有异议，可通过提起除名之诉进行救济。[②] 笔者认为，参考《合伙企业法》中对合伙人除名救济程序的相关规定，有限责任公司的股东成员对被解除股东资格之决议存有异议时，亦可向法院提起除名决议效力确认之诉。

六、结论

有限责任公司股东除名程序是股东除名规则中的重要部分，程序的正义是保证股东除名规则整体正义的重要因素之一。《公司法解释三》第 17 条为我国公司股东除名决议的效力问题提供了参考指引，但因其规定得较为原则，在司法实践中，仍然存在一些争议。就股东除名程序这部分而言，因具体程序不明确而影响公司、股东甚至债权人利益的案件还存在。可见，若想充分发挥有限责任公司股东除名规则的制度价值，需有周延的程序规则相匹配。

---

① 参见周昌发：《认缴制下股东除名制度的立法完善——由一起具体案例引发的反思》，载《广西大学学报（哲学社会科学版）》2018 年第 4 期。

② 参见《合伙企业法》第 49 条的规定。

董事会股份发行决策权的规制体系建构

舒千芮*

摘要：2023年12月，《公司法》完成了历史性修订，带来了资本制度的重要变革，突破性地引入了授权资本制，允许授权董事会自主决定发行股份。此举在提升公司筹集资本的灵活性与效率的同时，也带来了董事会滥用授权不正当发行股份以致股东及公司利益受损的风险，需要予以规制。2023年《公司法》中针对董事会股份发行决策权的具体规制规则需要精细化，事后救济机制和配套制度也需完善，需要在实施过程中进一步予以优化细化，实现原股东利益保护与灵活高效融资的平衡。

关键词：授权资本制　股份发行　董事会　原股东利益保护

2023年修订的《公司法》突破性地引入了有限度的授权资本制，根据其第152条、第153条的规定，股份公司董事会可根据授权决策公司股份的发行，此举旨在破解法定资本制下的融资困境。从单一的法定资本制到授权资本制与法定资本制并行，并不是简单的概念引入，更是在股份发行体系上的规则重构。

* 四川省成都市司法局立法一处四级主任科员。

一、董事会股份发行决策权的界定

（一）授权资本制的引入

我国当前公司资本制度框架形成于1993年《公司法》，参照大陆法系传统实施法定资本制，历经2005年与2013年两次《公司法》修改，从实缴制走向认缴制，在立法上呈现逐步放宽管制以激发市场活力的趋势。但是，长期以来，我国的资本制度改革始终在法定资本制的框架下进行，尽管认缴制的实施赋予了股东出资弹性，使得公司资本管制有所松懈，但在股份一次发行完毕的要求下增资依旧是属于股东会的权限，无助于提高公司本身的筹资弹性。① 因此，2023年《公司法》引入授权资本制，允许授权董事会决定发行新股，即旨在提升公司发行新股筹集资本的灵活性，授权资本制与股份发行的决策权限密切相关。

“授权资本”一词系指章程所定公司得发行的股份资本范围，由于此时的股份发行事项大多由董事会进行决策，也即授予了董事会股份发行决策权限，因此，称这种“授权资本”的股份发行制度为授权资本制。② 具体而言，授权资本制是指公司设立时须在章程中载明公司资本总额，但公司只要认足或募足资本总额的一部分即可成立，其余部分则授权董事会根据公司实际经营情况和外部市场环境自主决定一次或分次发行或募集。③ 其构成要素有三个：章定资本、分次发行以及授权发行。其中，授权发行即允许授权董事会自主决定发行股份，是其核心特征。④

① 参见王文宇：《简政繁权——评中国大陆注册资本认缴制》，载《财经法学》2015年第1期。

② 参见柯芳枝：《公司法论》，我国台湾地区三民书局2013年版，第128页。

③ 参见李建伟：《公司资本制度的新发展》，中国政法大学出版社2015年版，第122-123页；袁碧华：《我国公司资本制度改革研究》，中国政法大学出版社2016年版，第21页。

④ 参见李建伟：《公司资本的核心概念疏证》，载《北方法学》2016年第1期。

（二）董事会股份发行决策权的形成

公司通过发行股份的方式筹集公司资本，股份发行的治理策略通过决策权实现。授权资本制的核心在于允许授权董事会自主决定发行股份，无须再经由股东会决议。因此，根据具体授权，股份发行的决策权由股东会相应转移至董事会，董事会股份发行决策权的规制问题也应运而生。

在对董事会股份发行决策权的规制问题展开系统分析之前，须界定其内涵与讨论范围。首先，董事会股份发行决策权源自授权，授权资本制下通过授权董事会决议发行新股，董事会取得股份发行的决策权。“授权股份发行”体现了权限的动态流转，而“董事会股份发行决策权”则是权限移转的结果，二者是同一核心不同层次的表达。其次，授权决定了股东会与董事会职权范围的变动，应然层面上体现了公司治理朝向董事会中心主义的趋势，董事会股份发行决策权之下，股份发行变为董事会的经营决策事项，股份发行事宜在授权范围内委诸董事会的商业判断。最后，董事会股份发行决策权中的“股份”指的是实质意义上的股份概念，而不是限于形式意义上股份公司中的“股份”称谓，[①] 因此，董事会股份发行决策权的讨论范围既包括股份有限公司也包括有限责任公司。

二、董事会股份发行决策权的规制理念

公司资本制度的变革以赋予公司在资金筹措上的灵活性为目的，[②] 赋予董事会股份发行的决策权限，意味着相当程度上的自由运营空间，使融资的机动性与效率得到显著提升。公司资本制度乃至整个公司法制度体系的效用，在董事会决

---

① 有限责任公司与股份有限公司是否进行股份划分，仅仅是形式差异，出资额、股本、股份等概念均在同等意义上标识股份客体，并无实质区分的必要，以“股份”概念予以一元化处理可以有效简化立法和司法成本。参见刘斌：《公司类型的差序规制与重构要素》，载《当代法学》2021 年第 2 期。

② 参见王文宇：《简政繁权——评中国大陆注册资本认缴制》，载《财经法学》2015 年第 1 期。

策股份发行的权限配置下才能得到最大程度的彰显和发挥。[①] 与此同时，尽管提升筹资的机动性与效率有赖于董事会在股份发行事项上获取主动权，但并非对董事会的无限授权，筹资的灵活高效并非董事会股份发行决策权制度设计的唯一考虑点，更需要全方位思考董事会掌握股份发行决策权限可能带来的滥用风险，并由此形成规制。

（一）规制起点：股东会与董事会的职权划分

规制设计，理念先行。着眼于董事会股份发行决策权本身，分析董事会股份发行决策权规制的实质以及规制设计的核心理念，才能为接下来具体规制手段的设计提供宏观思路与方向指引，如此，才能建构起一个协调、完备的规制体系。

股权资本是公司资本结构中的"压舱石"，[②] 股东投入股权资本奠定了公司生存和发展的基础，因而在股东本位思想的立论下，公司权力配置呈现向股东会集中的样态。[③] 而股份发行是公司以发行股份的方式实现公司资本的增加，关系公司规模的扩大、资本结构的变动，进而对股东投资利益、投资风险等根本权益产生实质性的影响，因此股份发行的权力在法律本源上理应归属于股东。[④] 但基于公司理性自治的理念，根据公司的规模、性质、所有权与经营权分离程度等实际情况的不同，应当允许股东通过合法形式合理划分、适时调整及酌情增减董事会的决策权限。[⑤] 由法定资本制到授权资本制的转变，恰是实现了作为公司治理一环的股份发行事项的治理模式股东自决。

相对于董事会，股东会在进行股份发行的决策时更容易出现偏离理性的问题。一方面，就股东而言，其信息处理能力、专业能力有限。股份发行是一项需要综合考虑公司业务现状和战略前景等自身因素、市场变化和行业状况等环境因

---

① 参见薛波：《改革开放40年我国公司资本制度立法的嬗变与启示》，载《人文杂志》2019年第3期。

② 参见刘俊海：《股东中心主义的再认识》，载《政法论坛》2021年第5期。

③ 参见甘培忠、马丽艳：《董事会中心主义治理模式在我国公司法中的重塑》，载《财经法学》2021年第5期。

④ 参见赵旭东：《股东会中心主义抑或董事会中心主义？——公司治理模式的界定、评判与选择》，载《法学评论》2021年第3期。

⑤ 参见刘俊海：《股东中心主义的再认识》，载《政法论坛》2021年第5期。

素、经济政策和法规监管等制度因素的复杂事项。股东由于自身的记忆限制与自利偏差更容易回忆、收集和分析对其有利的信息，且对信息源不敏感，这可能使得股东过分关注自己直接掌握到的信息并过分乐观，进而被这些数据锚定，[①] 导致决策出现偏差偏离理性。另一方面，董事更了解公司、更充分掌握决策所需的信息，且在复杂并且需要及时作出决策的情况下，将权力配置给掌握信息更充分的一方往往成本更小。[②] 此外，基于董事的专业能力以及董事义务的安排，其经营决策时出现偏离理性的可能性更小，且即便出现偏差被觉察并纠正的概率也更大。因此，两相比较，由董事会决策股份发行是更符合理性的决策方式，董事会可以根据公司的实际需求与市场环境灵活决定股份发行策略。除此之外，公司的需求处于不断变化之中，在复杂多变的市场环境下商业机会更是转瞬即逝。在传统的股东会决议增资情形下，股份发行往往受制于召集程序冗长、"散户"股东参与意愿不高、特别决议不宜过关等不利因素。[③] 若由董事会决策股份发行则能免于烦琐的股东会决议程序，在使公司免于错失市场机会的同时，也解决了因法律程序所增加的发行成本，[④] 能有效提高融资效率、降低融资成本。而伴随公司所有权与控制权的分离与股权分散，上述效果将更加明显。并且在所有权与经营权分离较为充分的公司中，相较于维持持股比例，多数投资股东也更青睐于提高公司融资效率与盈利水平。

综上，基于股份发行决策所涉商业判断的复杂性、公司经营筹资的效率与灵活性要求，由董事会决策股份发行的权力配置方式较股东会更具优势。因此，授权资本制下，股东倾向于通过授权方式将原属于股东会的股份发行决策权限转移给董事会，董事会在获得发行股份的授权后根据公司的经营状况作出决策，也就意味着股份发行事项相应地转变为董事会的经营决策事项，董事会权限相应扩张而股东会权限随之缩小。当然，如果董事会获得完全的股份发行决策权而不加以

① 参见［美］弗兰克·B. 克罗斯、罗伯特·A. 普伦蒂斯：《法律与公司金融》，伍巧芳、高汉译，北京大学出版社 2011 年版，第 104-105 页。

② 参见许可：《股东会与董事会分权制度研究》，载《中国法学》2017 年第 2 期。

③ 参见赵德枢：《两岸公司法修订后有关股份有限公司资本制度之比较研究》，载赵旭东主编：《国际视野下公司法改革——中国与世界：公司法改革国际峰会论文集》，中国政法大学出版社 2007 年版，第 271 页。

④ 参见施天涛：《公司资本制度改革：解读与辨析》，载《清华法学》2014 年第 5 期。

规制，将带来董事会滥用授权不正当发行的风险，授权必然是有限度的。因此，规制董事会股份发行决策权实际上是研究股份发行决策权由股东会转移到董事会的转移程度问题，具体而言就是是否以及以何种方式、在何种程度上限制董事会决策股份发行的授权，董事会股份发行决策权规制问题本质上是在处理股东会与董事会职权划分的关系问题。

（二）规制核心：原股东利益保护与灵活高效融资的平衡

社会中存在不同的利益与利益冲突，法律制度设计是对利益的安排与平衡。基于处理股份发行事项上股东会与董事会的职权划分的规制出发点，股份发行决策权的转移程度不仅受董事会决策股份发行带来的优势的影响，更受制于其产生的利益冲突与可能带来的风险。

1. 授权股份发行无损于债权人利益

有限责任机制作为现代公司制度的基石，在推动资本形成的同时，也给债权人带来了投资风险。而无论是股东向公司投入资产或是获得公司资产分配，公司债权人与股东的利益都是相反方向的，股东希望前者最小化而后者最大化，债权人的期望则恰恰相反。公司资本规制的主要生成动因正是作为有限责任优势的代价，回应债权人与股东的利益冲突，起到进一步推动与债权人的交易发展、提升资本运作效率的作用。[①] 我国的法定资本制即承此逻辑以严苛的规制手段介入以优先保护债权人利益。2013 年《公司法》修改确立的注册资本完全认缴制影响着公司设立时的资本投入。在现行法框架下如何通过出资期限加速到期、催缴出资等制度保护债权人，成为核心的关注热点。法定资本制的长期适用，使得“债权人利益保护优先”的思维惯式在资本制度领域仍有相当留存。授权资本制以授权股份发行为核心特征，不可避免地需要考量随之而生的董事会股份发行决策权对债权人利益的影响。

由于授权资本制下董事会可以自主决策设立时已发行股份之外的剩余部分，学界对此的质疑主要在于此种操作使得公司章程中的资本只成为一种名义上的数额，极易造成公司资本与其实际经营规模和资产实力的严重脱节，发生欺诈性的

---

① 参见傅穹：《重思公司资本制原理》，法律出版社 2004 年版，第 19-20 页。

商业行为，进而对债权人利益构成威胁。[①] 而这源于长期以来法定资本制下对资本信用的迷信，将注册资本额与偿债能力等同，而不论注册资本的实缴程度、公司资产结构、短时间内可变现资本价值等。但实际上公司的信用基础来源于公司实际运营中的真实资产，注册资本只能作为参考之一。[②] 即便全部资本均实缴到位，公司实际经营的盈亏也会使得公司的实际资产始终处于波动状态而不可能与注册资本这样一个类似财务概念的账面数字保持吻合，理性的债权人关注的也应当是公司的真实资产，而不是寄希望于账面资本数额给予的虚幻的保障。也即破除了对账面资产的迷信，账面资产与实际资产脱节自然也无法对债权人利益构成威胁。相反，授权资本制下应当关注的是，董事会决策股份发行有利于改善公司治理从而实现公司自身利益的最大化，这对于各方利益主体包括债权人都是有利的。并且公司的资本和资金实力会因股份发行而增加，具有直接的积极意义，反而更有利于债权人的保护，股东与债权人的利益冲突在股份发行阶段得到的是缓解而不是加剧。实际上公司只要一直持续经营，并具备良好的偿债能力，理论上债权人利益也不会受损。总之，由董事会决策股份发行并不会增加债权实现的风险。以偿债能力为标尺的资产维持、对公司低资本化的司法审查以揭穿公司“面纱”、董事义务安排等才是保障债权人利益的更切实可行的机制。[③]

长期以来我国制度设计层面体现出对于债权人极为明显的保护倾向，[④] 但是，债权人利益保障并非授权资本制的设计所能单独负载的，董事会股份发行决策权更不会带来债权人利益受损的威胁。因此，应当破除债权人利益保护优先的思维惯性，债权人利益保障并不是董事会股份发行决策权规制机制设计的核心权衡因素，不宜以保护债权人的名义过度限制授权。

2. 授权股份发行下原股东利益风险

授权股份发行带来的最直接且最主要的变化是股份发行决议主体的改变，而

① 参见赵旭东：《商法学》，高等教育出版社 2019 年版，第 163 页。

② 参见李建伟：《授权资本发行制与认缴制的融合——公司资本制度的变革及公司法修订选择》，载《现代法学》2021 年第 6 期。

③ 参见傅穹：《重思公司资本制原理》，法律出版社 2004 年版，第 75 页；黄辉：《公司资本制度改革的正当性：基于债权人保护功能的法经济学分析》，载《中国法学》2015 年第 6 期。

④ 参见邓峰：《物权式的股东间纠纷解决方案——〈《公司法》司法解释（三）〉评析》，载《法律科学（西北政法大学学报）》2015 年第 1 期。

股份发行决策权由股东会转移到董事会，必然会产生股东与董事之间的代理问题。股东的成员权可以分为管理权和资产权两类。管理权是指参与公司决策以及防止他人对公司的决策施加不正当影响的权利；资产权是指以股东获取股权收益为中心的一系列权利。[①] 管理权以表决权为核心，与持股比例密切相关，资产权服务于股东追求资产收益的最终目标，二者对应着股东的控制利益和经济利益。[②]

董事会股份发行决策权可能对原有股东的控制利益与经济利益产生较大的影响。董事会决议发行新股筹资，此时若原有股东依旧保持原有出资份额，持股比例必然会被稀释，在大量定向增发等情况下甚至会导致公司控制权的移转，尤其是在封闭公司中控制利益对股东的影响更为突出。除此之外，新股发行的公允性，尤其是如何估值定价的问题，更是影响着原有股东的经济利益，[③] 倘若进行低价发行，原有股东持股的经济利益也会相应受到稀释。授权资本制下赋予董事会的决策权力过大可能加剧内部人控制现象，[④] 如果不对董事会股份发行决策权加以任何规制，并非公司剩余利益索取者的董事会可能会滥用这种授权损害原有股东利益，甚至出现诸如董事会向关联人大量定向增发股份以夺取公司绝对控制权的情形。因此，基于授权股份发行带来的决策权主体本质转变，董事会股份发行决策权规制的重心在于控制董事会掌握股份发行决策权下股东与董事间的代理成本，防止董事会滥用授权不当发行股份以损害原有股东利益。

综上所述，相较于债权人利益保护，原股东利益保护才是董事会股份发行决策权规制的主要导向。一方面，为防止董事会滥用权力损害原有股东利益，要施以具体的规制手段制约对董事会过于宽泛的授权；另一方面，公司是限制金融风险、筹集大型资金的最佳商业工具，高效率、机动化的融资制度是公司在竞争中能够脱颖而出、持续发展的必然要求，进而需要充分赋予董事会股份发行的决策权限。因此，董事会股份发行决策权规制设计本质上是在处理股东会与董事会的

---

① 参见王军：《中国公司法》，高等教育出版社 2017 年版，第 310-311 页。

② 参见陈景善：《授权资本制下股份发行规制的重构》，载《华东政法大学学报》2022 年第 2 期。

③ 参见沈朝晖、[日] 饭田秀总：《中日公司新股发行制度的功能主义比较》，段磊译，载《清华法学》2019 年第 2 期。

④ 参见叶林、王世华：《公司法定资本制的检讨》，载《法律适用》2005 年第 3 期。

职权划分关系，而这种职权划分的核心是要实现融资灵活高效与保障原有股东利益的平衡。

三、域外董事会权力配置与规制机制

授权资本制在域外有着长期的发展历史，许多国家经过长期的实践已经形成了相对成熟稳定的股份发行的董事会决策权制度体系，考察域外股份发行事项董事会权力配置的演变与规制的设计，总结其中的发展规律与规制思路，进而分析如何达到制度功能实现与原股东利益保障的平衡，能够为我国董事会股份发行决策权体系的建构提供有益的借鉴。而授权资本制是英美法系首创，拥有典型的董事会股份发行决策权构造与更长的发展历史；日本的渐进式改革历程，对我国新兴转轨市场亦具有借鉴意义，因此本文选取美国、英国、日本的立法例作为研究对象。

（一）美国及英国：充分自治的弱规制模式

美国早期也曾采取严格的资本管制，但自 19 世纪末开始逐渐转向董事会中心主义，从授予董事会股份创设权等方面着手逐渐放宽了规制。虽然美国各州公司法制度设计有所差异，但从美国《标准商事公司法》看，其经 1969 年、1984 年修订确立了经典的授权资本制。[①]《标准商事公司法》规定公司可以按照章程授权的数量发行股票，[②] 而该发行决策权的行使机关通过该法中典型的董事会中心主义规定得以明确，[③] 因此股份发行原则上是属于董事会的职权范围，也可以由章程通过例外性规定保留给股东。[④] 除了章程须载明被授权发行的股份数额，对于董事会发行股份的资本倍数与时限等并没有通过法律的形式予以限制，可见《标准商事公司法》下股份发行决策权原则上配置给董事会，且给予了公司充分

---

① 参见李建伟：《授权资本发行制与认缴制的融合——公司资本制度的变革及公司法修订选择》，载《现代法学》2021 年第 6 期。

② 参见沈四宝编译：《最新美国标准公司法》，法律出版社 2006 年版，第 25、47 页。

③ 参见沈四宝编译：《最新美国标准公司法》，法律出版社 2006 年版，第 49、90 页。

④ 参见沈四宝：《西方国家公司法原理》，法律出版社 2006 年版，第 159-160 页。

的自治空间。再以立法完善著称的《特拉华州普通公司法》举例，该法第161条清晰地表述了董事会的股份发行决策权，也即在授权范围内董事会可以随时决定追加发行剩余资本股股份。并且基于股权高度分散的背景，对授权股份数量的限制也受到了学者的质疑，发行股票的价格是股东主要关注的问题，而保护股东经济利益免于因股份发行被摊薄涉及的是董事信义义务的履行，限制发行数量并不能解决，因此存在进一步放宽规制的呼吁。

英国也是率先由传统的法定资本制变革到授权资本制的国家之一，[①] 1985年的《英国公司法》规定公司在设立时须按要求载明公司可以发行的最高股本限额，也即“授权资本”。[②] 此后有学者指出授权资本作为一个单纯的记载于公司“宪章”的数字，不能反映实际股本，并有混淆投资者之虞；[③] 若股东想要介入股份发行，大可直接通过章程进行规定而无须通过立法强制要求设定事先的授权资本额度。[④] 因而，在2006年，《英国公司法》不再限制授权发行的额度上限，董事会有权在运营过程中根据公司需求自主决定发行股份。与此同时，公司需要实事求是地声明实际的资本发行状况，此时资本登记程序的处理不可忽略，也即登记后股份发行数量有所变动的，应当尽快再向公司登记处申报。[⑤] 在原有的股份发行规则下，如董事会发行的股份达到了授权数额上限，就无法再由董事会自主决定股份发行而是决策权回归到股东会，可见现有的“声明资本制”的规则实质上是进一步放宽资本规制的体现，使得公司资金处理的灵活性得到进一步的提升。

不难发现，从股份发行决策权赋予董事会以自主进行商业判断，到“声明资本”规则等对放宽规制的进一步需求，都呈现赋权型规则为主的充分自治模式，

---

① 参见王文宇：《简政繁权——评中国大陆注册资本认缴制》，载《财经法学》2015年第1期。

② 参见卢宁：《刍议公司资本形成制度的改革与发展——以“认缴制”的定性为起点》，载《法学论坛》2017年第3期。

③ 参见黄辉：《现代公司法比较研究——国际经验及对中国的启示》，清华大学出版社2020年版，第72-73页。

④ ［英］保罗·戴维斯、［英］莎拉·沃辛顿：《现代公司法原理》，罗培新等译，法律出版社2016年版，第280页。

⑤ 参见［英］保罗·戴维斯、［英］莎拉·沃辛顿：《现代公司法原理》，罗培新等译，法律出版社2016年版，第849、880页。

以及董事会对公司资金弹性调控的权限不断增加的趋势，这也与公司治理日益向董事会中心主义的转变相契合。虽然英美国家在董事会权力配置上都赋予了董事会充分的股份发行决策权限，呈现公司运作商业判断充分自由的样态，但不可忽视的是，这种放松管制、相信市场、追求效率价值的背后也存在着成熟的董事行为准则的制约与董事责任机制的威慑等配套规则的配合。①

（二）日本：渐进自治的稳健模式

日本早期同样实行传统的法定资本制，受美国法影响，1950 年日本创立了授权资本制的一种折中路径，规定首次发行股份不少于总股份数的四分之一，其余股份可以授权董事会决定发行。② 作出此种比例限制的缘由在于此种限制可以明确既有股东持股比例降低的底线，而不限制发行股票数量可能会造成董事会权力滥用，并且授权股份发行没有反映出未来股东的意思。③ 现行《日本公司法》仍然保留了公众公司首次发行股份的比例要求，规定“设立时发行股份的总数，不得低于授权股份总数的四分之一”；④“章程修改后的授权股份总数，不得超过该章程修改生效时已发行股份总数的四倍”。⑤ 虽然有着发行倍数的限制，但在公众公司中股份发行被定义为以筹资为目的的业务执行行为，原则上由董事会决定，⑥ 只要新股发行以公正价格进行，董事会就可以自由决定发行事宜，并可自由决定向谁配股。⑦ 而对新引入股东以特别优惠的价格进行发行（以下简称有利发行）时，需由股东会的特别决议作出决定，且董事须就以该认购金额募集该认购人

---

① 参见傅穹：《重思公司资本制原理》，法律出版社 2004 年版，第 67、75 页。

② 参见卢宁：《刍议公司资本形成制度的改革与发展——以“认缴制”的定性为起点》，载《法学论坛》2017 年第 3 期。

③ 参见［日］神田秀树：《公司法的理念》，朱大明译，法律出版社 2013 年版，第 121-122 页。

④ 参见《日本公司法 附经典判例》，吴建斌编译，法律出版社 2017 年版，第 17 页。

⑤ 参见《日本公司法 附经典判例》，吴建斌编译，法律出版社 2017 年版，第 50 页。

⑥ 参见《日本公司法 附经典判例》，吴建斌编译，法律出版社 2017 年版，第 101-102 页。

⑦ 参见［日］布井千博：《关于日本授权资本制度的考察》，杨东译，载赵旭东主编：《国际视野下公司法改革——中国与世界：公司法改革国际峰会论文集》，中国政法大学出版社 2007 年版，第 250 页。

的必要性进行说明。[①] 此外，日本法对于股份发行事项呈现注重司法权的事后标准策略，司法审查是法律策略的核心，[②] 就新股发行瑕疵的问题设置了股份发行停止之诉、股份发行无效之诉、股份发行不存在之诉等制度以抑制董事滥用权限。

在应对全球市场竞争的共同背景下，域外公司法呈现不同的改革路径，但都以减少不合理规制、回应市场需求、激发市场活力为主要追求目标。纵观域外的股份发行决策模式变迁，都共同体现出增加董事会对公司资金弹性调控的决策权限的趋势，[③] 为实现融资的灵活高效，各国都或宽或严地授权董事会决策股份发行，因而股东会权限收缩、董事会权限扩张，这亦与公司治理日益转向董事会中心主义的发展趋势相契合。英美国家基于深厚的自由主义思想传统以及相对成熟完备的社会信用体系、董事责任机制与司法救济体系，率先实现由董事会决策股份发行，并以追求效率为核心导向对董事会的股份发行决策权限进行了充分的授权。而亚洲国家在公司法变革历程上深受域外立法影响，并采用渐进、缓和的方式推进股份发行决策模式的转变。以日本为典型代表的董事会股份发行决策权规制模式，在施以有限的事前强制性规定的同时，也不断完善并强调事后的司法救济机制的作用，是董事会商业判断决策权与法律事先安排的折中，试图兼顾筹资机动化与股东利益保障，达到效率与安全两种价值理念的平衡，[④] 对于转轨中的公司法而言更具备现实的生命力。

四、董事会股份发行决策权规制体系的本土化建构

（一）董事会股份发行决策权规制框架设计

围绕董事会决策股份发行这一事项，规制策略大致可以事前与事后为准区分

① 参见《日本公司法 附经典判例》，吴建斌编译，法律出版社 2017 年版，第 101 页。

② 参见沈朝晖、[日] 饭田秀总：《中日公司新股发行制度的功能主义比较》，段磊译，载《清华法学》2019 年第 2 期。

③ 参见王文宇：《简政繁权——评中国大陆注册资本认缴制》，载《财经法学》2015 年第 1 期。

④ 参见李裕琢、李海娟：《公司资本制度的价值理念、生成背景及其演变趋势》，载《哈尔滨商业大学学报（社会科学版）》2017 年第 2 期。

为两类：事前策略在董事会决策股份发行完成之前生效，试图通过事前的限制性措施控制过度授权；而事后策略是在董事会决策股份发行之后针对其决策的质量作出反应，确保利益相关人在董事会滥用授权不当发行股份时能得到有效救济。而就股份发行事项而言，首先，股份发行主要是为了筹集公司运营所需的资金，属于公司内部事宜，应当以赋权及推定型规则为主实现公司自治；其次，前述已经论及由董事会弹性决策股份发行更能满足公司灵活、高效融资的需求，要充分发挥董事会决策股份发行的优势，必然也就要求充分授权董事会以商业判断的自治空间；最后，企业的正常运行才是常态，在董事义务、内部激励机制等综合作用下董事会滥用权力不正当发行股份是例外的脱轨情形，因此，在事前规制策略上应避免强加给企业过度的家长主义式的强制型规则。与此同时，由董事会决策股份发行确实可能带来滥用授权不正当发行损害原股东利益的风险，而保护股东利益也就是控制董事与股东之间的代理成本，董事会决策股份发行应当是为了公司的利益最大化以及长远发展，而不是为了自身私人利益，① 因此，在弱化事前强制性限制的同时，也应当随之跟进对董事会决策的信义义务审查与相对应的救济机制。强化董事义务与董事会不当发行股份时针对性事后救济机制的安排，方能贯穿公司法中的权责线索，② 从而支撑董事会股份发行决策权体系效用的真正发挥，实现原股东利益保护与灵活高效融资的平衡。

（二）《公司法》修订：事前限制机制的尝试

董事会股份发行决策权的事前规制策略可以嵌入授权股份发行的各个环节。2023 年《公司法》中，第 152 条规定股份公司可以通过章程或股东会授权董事会决策发行剩余股份，但存在 3 年的法定发行期限、50%的发行比例上限以及出资形式的限制；第 153 条则规定了授权资本制下决策股份发行须经董事会特殊决议。2023 年《公司法》从适用范围、授权范围、出资形式等不同角度对董事会股份发行决策权作出了限制，而这些限制能否形成完善的规制体系值得分析。

---

① 参见朱慈蕴：《中国公司资本制度体系化再造之思考》，载《法律科学（西北政法大学学报）》2021 年第 3 期。

② 参见潘林：《论公司机关决策权力的配置》，载《中国法学》2022 年第 1 期。

1. 适用范围

董事会股份发行决策权的出现源于公司发展的现实需求，而在理论上董事会决策股份发行的操作更契合于所有权与经营权分离比较充分的公司。“两权”分离较为充分的公司通常资合性明显，此类公司规模较大且股东人数众多，比起持股比例，股东更在意的是从公司所获的经济利益，希望公司将“蛋糕”越做越大以实现对自身利益的最佳保护，[①] 所以赋予董事会股份发行决策权使公司更高效、灵活地筹集资金，有利于公司的长远利益，同样也更利于股东利益的提升。相对而言，在所有权与经营权一致的公司，股东参与经营，而股东参与公司经营又与表决权和持股比例息息相关，此类公司在构建公司治理模式时，往往会对董事会权限进行限缩甚至完全取消董事会，[②] 所以也当然会更倾向于将股份发行的最终决策权保留在股东会。

2023年《公司法》中将允许授权股份发行的范围限定在了股份公司，更像是进行了一种推定，即股份公司所有权与经营权分离而有限公司“两权”合一，两者分别实施董事会中心主义和股东会中心主义的权力分配模式。[③] 而这种假定确实适配我国大多数情况，对于一般中小型有限公司而言股东参与公司经营是常态。再加之长期法定资本制背景下形成的路径依赖，对于现阶段我国的有限公司而言，改弦更张带来的路径依赖破除成本可能足以抵消由其带来的效益。[④] 因此，《公司法》修订中选择将授权资本制的适用范围限制在股份公司是基于全局考量更具实践效益的做法。

2. 授权范围

从域外经验来看，在允许授权董事会决策股份发行的同时，立法也常常在授权的比例以及时限上作出限制。例如，《日本公司法》中公众公司可发行股份的

---

① 参见沈朝晖：《授权股份制的体系构造——兼评2021年〈公司法〉（修订草案）相关规定》，载《当代法学》2022年第2期。

② 参见施天涛：《公司法论》，法律出版社2018年版，第307页。

③ 参见王延川：《公司类型：规范区分与司法适用》，载《当代法学》2015年第3期。

④ 参见李建伟：《授权资本发行制与认缴制的融合——公司资本制度的变革及公司法修订选择》，载《现代法学》2021年第6期。

总数不得超过已发行股份总数的四倍；[①]《德国商事公司法》中章程记载的无须再由股东会决议授权资本发行的时限不能超过 5 年；等等。[②] 但这些名义上是为了防止过度授权的限制措施实质上不如说是传统法定资本制路径依赖下对保障交易安全的执念。[③] 就授权比例而言，立法对授权比例作出强制性限制的最主要缘由无非是此种限制可以明确原有股东持股比例被降低的底线而防止其控制利益被过分稀释，[④] 但是正如前所述，会选择适用董事会决策股份发行模式的大多是所有权与经营权分离比较充分的公司，这类公司的许多股东，尤其是中小股东对于持股比例并不十分敏感。而且在股份发行对股东持股形成重大影响的情况可以通过其他手段进行规制，比如引入控制权警戒机制。至于另一种授权期限的限制则纯粹是一种形式上的安排，并且既然这种期限限制可以由股东会延长或改变，不如直接从一开始就交给公司自行决定是否限制期限及期限长短。

可见，授权比例与期限的强制性规定并不能起到明显的保护股东利益与交易安全的实质作用，相反这种事前的强制性限制还会对董事会的商业判断形成掣肘，使董事会股份发行决策权难以发挥其真正的应有效用。在此次我国《公司法》修订过程中，《中华人民共和国公司法（修订草案一次审议稿）》（以下简称《公司法修订草案一审稿》）设置了 20% 的发行额法定限制，后续将发行比例上限修改为 50%，但同时设置了 3 年的法定发行期限。不可否认这种直接的法定限制能够使原股东对自己未来可能的股权稀释程度有较为明确的预期，但问题在于这种直接限制也减损了股东结合公司实际进行自治设计的空间，这种需要 3 年授权一次的时间限制的烦琐与 50% 比例限制，实践中可能会降低股东授权的意愿而影响该制度的实践效果。并且授权资本制下股东更为关切的是股权稀释带来的控制利益减损问题，但 50% 的授权比例限制并不能对应作用于控制权变动情

---

① 参见《日本公司法 附经典判例》，吴建斌编译，法律出版社 2017 年版，第 17、50、90 页。

② 参见《德国商事公司法》，胡晓静、杨代雄译，法律出版社 2014 年版，第 163 页。

③ 参见李建伟：《授权资本发行制与认缴制的融合——公司资本制度的变革及公司法修订选择》，载《现代法学》2021 年第 6 期。

④ 参见［日］神田秀树：《公司法的理念》，朱大明译，法律出版社 2013 年版，第 121-122 页。

形，其规制效果是有限的。综上所述，相较立法层面上就授权的比例与期限作出强制性的统一规定，赋权股东通过章程或决议的方式就此作出自主安排，并结合后续发行阶段中的控制权警戒等予以体系化规制，是更为适宜的设计安排，且这也与前文提到的弱化强制性事前限制、拓展公司自治空间的体系要求吻合。

3. 控制权变动的例外

决策股份发行的权力根源于股东，只是通过授权的方式转移给董事会，故而这种权限转移必然不是不可逆转的终局性变动。股东会能通过章程或决议的方式撤回这种授权，授权额度发行完毕时决策权也会再度回归至股东会。[①] 而除去前述两种基本的股份发行决策权回归股东会的情形，立法基于保护股东利益的考虑也往往会设置其他特定的限制董事会股份发行决策权的情形。

大量发行股份可能导致原有股东持股比例的显著下降乃至发生控制权的变化，因而立法层面会考虑设置大量增发股份时的限制措施以保护原有股东控制利益，譬如《公司法修订草案一审稿》第164条中规定，发行新股超过已发行总数20%要经股东会同意，2023年《公司法》第152条规定，授权发行不能超过已发行股份的50%。但这种径直以一定比例作为权限变动标准或者授权上限的规定不够精准，可能出现发行股份低于比例限制但依然造成控制权变动的情形，此时在控制利益的保护上可以借鉴《日本公司法》中更精细化的控制权转移的警戒机制。

日本在2014年修订公司法时引进了控制权转移的警戒机制，具体是指如果股份发行将致使公司的控制权发生转移，公司应当向股东通知或公告相关事项，如果持有10%以上表决权的股东提出反对，则须经过股东会决议，但当特定认购人是发行公司母公司或是进行新股配售时除外。[②] 即使是在股东对维持表决权比例并不十分关心的公众公司，控制权的变动对公司经营发展影响深远，且依然受

① 授权资本制下，由于章程必须载明公司可发行的股份总数，一般情况下，公司设立时尚未发行的部分也就是董事会获得的授权额度范围。参见卢宁：《刍议公司资本形成制度的改革与发展——以“认缴制”的定性为起点》，载《法学论坛》2017年第3期。

② 新股发行前母公司已经持有公司控制权，所以当特定认购人为母公司时不属于控制权变动情形；而新股配售时只要股东认购新股就可以维持其表决权比例，所以也不适用此规定。参见沈朝晖、[日] 饭田秀总：《中日公司新股发行制度的功能主义比较》，段磊译，载《清华法学》2019年第2期。

股东关注，公司支配权的变化更应该由股东而不是董事决定。[①] 并且授权董事会决策股份发行是源于这样能更好实现融资这一股份发行的主要目的，当股份发行会导致公司控制权变动时就已经偏离了股份发行原来的功能与目标，继而需要以股东会决议作为阻却机制。[②] 因此相较于以一个固定的比例限制作为“一刀切”的标准，控制权变动的警戒机制更加精细化，也更能在必要时维护股东控制利益。

4. 公允价格发行

资本的本质属性为追求增值，[③] 除去控制利益，原有股东经济利益的保护也是董事会股份发行决策权规制的核心命题之一，而这主要表现为以估值定价为核心的股份发行公允性的问题。公司为吸引融资可能会以低价发行股份，以原股东为发行对象时，只要保证平等的发行条件，就不会产生原股东严重受价格影响的问题。[④] 但如果股份发行对象是原股东以外的第三人，此时相当于用原股东的权益补贴了新股东，[⑤] 会造成原股东经济利益的损失。因此，有必要坚持正常情况下以公允的价格发行新股，进而需要解决的问题在于如何判断股份发行价格的公允性。

根据股份是否存在流通市场，非上市公司和上市公司的公允价格判断有所不同。对于前者，由于较难在事前以立法方式确定一个明确的计算方式，实践中往往是“基于客观材料以一定合理的计算方式决定发行价格”，[⑥] 需要结合公司资产价值、收益状态等因素综合考虑评定，具体在我国则可以借鉴异议股东回购请

① 参见郭远：《日本公司法改革和实施效果的经验与启示》，载《现代日本经济》2019年第4期。

② 参见李建伟：《授权资本发行制与认缴制的融合——公司资本制度的变革及公司法修订选择》，载《现代法学》2021年第6期。

③ 参见金晓文：《中国公司法原理与适用》，中国法制出版社2017年版，第38页。

④ 参见［日］上村达男：《公司法改革：公开股份公司法的构想》，中国证券监督管理委员会编译，法律出版社2015年版，第347页。

⑤ 参见岳冰：《论我国资本形成制度的规制坐标与自治重构》，载《法学杂志》2021年第5期。

⑥ 沈朝晖、［日］饭田秀总：《中日公司新股发行制度的功能主义比较》，段磊译，载《清华法学》2019年第2期。

求权对合理股价的评估方法。① 对于后者，原则上认为市场价格即公允价格。因为当新股发行价格同旧股市价相等时，实际上是使新股与旧股股东平等地参与到资本结构之中，原有既存股东的利益就不会受损。但与此同时考虑到市价的波动性以及消化新股、尽快顺利达成募集资金的目的，实际操作中新股发行价格可能会进行下调而略低于市价。② 例如，日本最高法院曾判决在股票的市场价格基础上打折 10%左右不构成显著损害认购价格的公平性。③ 另外，股价的形成往往也有投机性要素的作用，当公司股份被出于不恰当目的大量购买而成为异常热门的投机对象时，该公司股份的市价会远高于其客观价值，此时在判断新股发行的公允价格时应考虑将该短期内的市价排除在发行价格的计算基础之外。④

但是除去正常的公平发行的情况，现实中也可能出现如引入战略投资者等确实需要以较低价格发行股份的特定情况。而为了保护原有股东的经济利益，当需要进行有利发行时，应当由股东会特别决议作出决定，并且应当在股东会上对使用该优惠的缴纳金额由该认购人募集的必要理由进行说明。⑤ 综上所述，在新股发行价格的确定上，原则上必须用公正合理的缴纳金额发行新股，但是经过股东会特别决议的也可以特别有利的缴纳金额进行发行。⑥ 不过，我国 2023 年《公司法》并未就公允价格发行作出相关具体规定，在原股东普遍最为关心的经济利益上缺少明确对应的前期规制，在 2023 年《公司法》实施过程中应当细化董事信义义务及发行价格的相关规定。

5. 出资缴纳方式

董事会作出决策发行股份，其后股份认购中涉及的是出资缴纳方式的问题，包括采用认缴制抑或实缴制、是否限定货币支付。出资认缴意味着股东出资的自

---

① 参见谭津龙：《公司法体系中的异议股东评估权制度》，法律出版社 2015 年版，第 232-234 页。

② 参见陈景善：《资本制度现代化与理念的冲突——社会需求与公司法理念博弈》，中国政法大学出版社 2014 年版，第 101-102 页。

③ 参见沈朝晖、[日] 饭田秀总：《中日公司新股发行制度的功能主义比较》，段磊译，载《清华法学》2019 年第 2 期。

④ 参见 [日] 近藤光男：《最新日本公司法》，梁爽译，法律出版社 2016 年版，第 109 页。

⑤ 参见 [日] 前田庸：《公司法入门》，王作全译，北京大学出版社 2012 年版，第 217 页。

⑥ 参见 [日] 神田秀树：《公司法的精神》，朱大明译，法律出版社 2016 年版，第 124 页。

主性增强，认足与缴纳出资在时间上的分离使股东在出资义务履行阶段获得了期限上的缓解，从而有利于实现迅速认足资金，尤其是在法定资本制下有利于缓解一次发行给股东带来的全部足额缴纳的资金压力。但是在董事会掌握股份发行决策权的情况下，董事会也可以基于公司实际融资需求与市场状况作出关于发行额度的商业判断，也能极大降低资本筹集的难度，可见资本认缴与董事会股份发行决策权下的分次发行在功能上具有一定的一致性。并且，如在董事会决策股份发行的模式下采取实缴出资的方式，一方面可以保障公司得到实际经营所需资金，另一方面也能充实资本以支撑公司信用。这是因为要求实缴，股份发行后资金能够迅速地实际到位，更快满足公司迫切的资金需求；同时，授权资本制下的实缴出资也有利于外部债权人借此对公司的实际资本状况形成判断，进而促进商事交易。综上所述，在董事会决策股份发行的模式下再采用认缴制并无明显的额外优势，二者在功能上具有一定的替代性，杂糅使用反而可能加剧制度的复杂性和公司治理难度。① 而这也与2023年《公司法》第98条中股份公司采用实缴制的规定契合。

此外，2023年《公司法》第152条还对股款的支付方式作出了限制，即以非货币财产作价出资的应当经股东会决议。非货币出资拥有较大的灵活性与价值判断空间，可能使得董事会的不正当发行行为更具隐蔽性，因此货币支付此种缴纳股款方式的限制正是为了防范董事会决策发行之下非货币出资的价值风险。但能否实现此种防范实效却是存疑的。严格限制货币与非货币的出资缴纳方式，实质上是在增加股份发行中的组织成本。对于非货币类的资产对于公司是否具有价值、能给公司带来多大的利益，深度参与公司日常商事经营活动的董事会远比股东会更加了解。如非货币支付股款须经股东会决议，则必然会削减董事会决策股份发行的制度优势。再者，董事会不正当发行股份远不止利用非货币支付股款这一种方式，与其作出此种仅适用于一种情形的事前限制，不如配备完善的事后救济机制适用于各种可能的董事会不正当发行情形，如此方能在发挥高效灵活融资的制度功能的同时保护好原股东利益。

① 参见冯果：《论授权资本制下认缴制的去与留》，载《政法论坛》2022年第6期。

（三）规制完善：事后救济机制的构建

基于平衡股东利益保护与高效灵活融资的核心理念，弱化事前强制性规制、拓展公司自由运作空间可以促进融资效率与机动性的提升。但事前限制的弱化必然要求事后救济进行强化，如此才能在发挥董事会决策股份发行优势的同时兼顾原有股东利益保护。对此，笔者认为，可借鉴日本针对性争议程序的设计实现更好地引导并保障瑕疵发行时的股东救济。日本对于瑕疵发行时的事后救济根据不同情形区分为股份发行停止之诉、股份发行无效之诉、股份发行不存在之诉，并明确董事会在不正当发行损害原有股东利益时负有损害赔偿责任。

首先，若董事会滥用权力不正当发行股份，例如违反法律或章程进行发行、以显著不公正的方法发行等，导致股东蒙受不利益，此时股东应有权向公司请求停止发行，并且这种请求可以诉讼的方式进行。当董事会滥用授权瑕疵发行股份之时，对股东而言最直接也是主要的诉求即停止这种发行，避免自身控制利益与经济利益受损，而此时又处于股份发行实际生效之前，并无顾虑交易安全之必要，所以凡是具有瑕疵的新股发行行为均可能构成停止股份发行的事由，例如超过授权范围发行新股、未经股东会特别决议以特别有利的价格发行新股等。此外，日本还在司法实践中形成了“主要目的规则”的判断标准，根据新股发行的主要目的来判断是否构成不公正发行。① 具体而言，即便将新股发行作为反收购的防御措施，也不能违背股份发行的制度初衷，但如果能认定公司存在融资的必要性，则很有可能驳回股东的停止请求。②

其次，当股份发行生效之后，股份发行无效之诉便成为原有股东遭受利益损失时重要的救济机制。而根据股份发行的自身特性，“为谋求动态的交易安全，理应对新股发行无效诉权的发生事由作限缩解释”③。相较于被予以认可的诸多股份发行停止请求事由，仅有重大瑕疵可成为股份发行的无效事由。《日本公司法》认定股份发行无效的典型事由包括发行超过章程所规定的可发行股份总数，

① 参见［日］神田秀树：《公司法的精神》，朱大明译，法律出版社2016年版，第131页。

② 参见沈朝晖、［日］饭田秀总：《中日公司新股发行制度的功能主义比较》，段磊译，载《清华法学》2019年第2期。

③ 刘俊海：《股份有限公司股东权的保护》，法律出版社2004年版，第387页。

发行章程规定的种类股之外类型的种类股，无视法院发出的新股发行禁令而发行新股等。[①] 而未经股东会特别决议的有利发行、[②] 以显著不公正的方法发行股份等，[③] 此类新股发行则不会归于无效，就前者而言，董事会对外有代表公司的资格和权利，其发行应当有效，而后者情况下，更适当的处理方式是通过追究董事及新股认购人责任的方式予以救济，再考虑保护善意第三人与交易安全，上述股份发行情形并不属于构成重大瑕疵发行的无效认定事由。并且在股份发行无效之诉的程序适用上，主张无效的方法、时限等也应作出针对性限制。例如，《日本公司法》中即规定公众公司成立以后的股份发行无效，仅能在股份发行生效之日起 6 个月内以诉讼的方式主张。[④]

最后，股份发行无效之诉适用于发行的内容与手续存在重大瑕疵但股份发行的事实仍然存在的情形，而倘若股份发行只具备登记外观，却没有与股份发行相关的内部意思决定及财产基础等实质内容，此种瑕疵就已经超越了股份发行无效的范畴，进入股份发行不存在之诉的适用空间。相较于股份发行无效的事由，股份发行不存在情形所具有的瑕疵更加严重，所以其判决在同样具有对世效力的基础上，提起诉讼的期限不应设置限制。同时为了避免引发大量无意义的诉讼，股份发行不存在之诉作为一种消极的确认之诉，请求确认的主体也应进行适当限制，具备诉的利益的当事人才能提起股份发行不存在之诉。此外，除去公司实体不存在、股份发行事实不存在等情形，对于一些具有严重瑕疵但股份发行无效之诉又未能实现救济的情形也可适用股份发行不存在之诉。[⑤] 没有提起诉讼的期限限制，此时的股份发行不存在之诉是维护原股东利益的最后保障。

---

① 参见［日］近藤光男：《最新日本公司法》，梁爽译，法律出版社 2016 年版，第 122 页。

② 参见沈朝晖、［日］饭田秀总：《中日公司新股发行制度的功能主义比较》，段磊译，载《清华法学》2019 年第 2 期。

③ 参见沈朝晖、［日］饭田秀总：《中日公司新股发行制度的功能主义比较》，段磊译，载《清华法学》2019 年第 2 期。

④ 参见《日本公司法 附经典判例》，吴建斌编译，法律出版社 2017 年版，第 433 页。

⑤ 参见陈景善：《授权资本制下股份发行规制的重构》，载《华东政法大学学报》2022 年第 2 期。

五、结论

授权资本制的引入使董事会决策股份发行成为可能的权力配置模式。增加了董事会对资金弹性调控的决策权限，符合全球公司法演进的发展趋势，亦是回应市场需求的必然结果。但董事会决策股份发行在显著提升融资灵活性与效率的同时，确实也带来董事会滥用授权不正当发行以致股东及公司利益受损的风险。董事会决策股份发行模式的实践落地需要建立在完善的董事会股份发行决策权规制体系之上，以实现原股东利益保护与灵活高效融资的平衡。因此，在我国2023年《公司法》的具体实施过程中，应当进一步优化细化关于董事会股份发行决策权的具体规制手段与配套制度，从而实现效率与安全两种价值理念的平衡。

前沿专论
qian yan zhuan lun

平台服务协议单方变更条款的适用与完善*

郑佳宁** 张 奥***

摘要：电子商务平台经营者提供平台服务协议时包含单方变更条款已成普遍现象。平台服务协议单方变更条款的性质属于约定的单方变更权，即通过平台用户预先授予平台经营者一般性的、宽泛性的单方变更平台服务协议内容的权利。平台经营者在适用单方变更条款时，程序上必须遵守征求意见与先期公示制度，实体上还要保证平台服务协议变更后的内容具有合理性。当前《电子商务法》第34条规定的单方变更条款的救济制度存在不足，为了平衡各相关方的权益，应当不断优化平台经营者单方变更协议的程序性规则、明确平台经营者单方变更协议的实体性限制，以及施加平台经营者单方变更协议的公法层面约束。

关键词：电子商务平台　平台服务协议　单方变更条款　《电子商务法》第34条

平台服务协议是调整平台经营者与平台用户之间平台服务法律关系的合同，

---

* 本文系国家社会科学基金青年项目“数据要素市场化配置中场内注册与交易制度研究”（项目编号：23CFX030）的阶段性研究成果。

** 中国政法大学民商经济法学院教授、博士生导师。

*** 中国政法大学民商经济法学院硕士研究生。

通常涵盖技术支持、信息发布、缔约撮合等服务内容。平台服务协议属于服务合同。服务合同因其履行的持续性，易受不可预见性的影响。有学者指出，服务合同真正的安全源自应对情势变化的公平机制，适当扩张情势变更原则在服务合同中的适用范围有利于增强合同的适应性。[①] 面对数字经济的高速发展，平台经营者在持续提供服务的过程中，不可避免地会出现一些需要对合同进行修改的情形，此时会涉及平台服务协议的变更问题。实践中，电子商务平台经营者普遍会在平台服务协议中规定单方变更条款，以快速应对外部的市场、社会等变化，其修改的内容不仅涵盖双方之间具体的服务合同权利义务规范，还涉及平台管理的行为规范。鉴于单方变更条款的运用频率极高，[②] 如何有效规范该类条款的适用一直是理论界和实务界亟须解决的问题。

一、平台服务协议单方变更条款的效力

（一）平台服务协议单方变更条款

平台服务协议单方变更条款，是指平台经营者与平台用户事先在平台服务协议中约定，平台经营者在何种情形下以单方的意思表示产生平台服务协议内容变化的条款。各大电子商务平台的单方变更条款具有同质性，基本表述为："平台有权在特定情形下不时修改协议，并对修改后的内容进行公示，如您不同意修改后的协议，请您立即停止使用平台服务；如您继续使用平台服务，则视为您已同意修改后的协议。"各大电子商务平台对单方变更特定的情形均采用了一般性、宽泛性的描述，仅在具体限定词上略有差异，如《淘宝平台服务协议》限定为"法律法规的更新、交易秩序的维护、用户权益的保障"；《京东用户服务协议》限定为"法律的动态调整和运营的现实需要"；《拼多多用户服务协议》则限定为"更好提供服务、业务变化"。这种一般性、宽泛性的适用范围导致平台服务

---

① 参见曾祥生：《服务合同一般规则与立法模式研究》，中国政法大学出版社2017年版，第34页。

② 以淘宝平台为例，淘宝平台服务协议几乎每月都会有条款变更，最高甚至达到每月20次。

协议具有高度的不确定性，可能侵犯平台用户的合理信赖。从法律效果上看，单方变更条款赋予了平台用户选择权，即同意或不同意。申言之，平台用户同意平台经营者的修改，则变更后的平台服务协议生效。其中，平台用户的同意，不仅包含明示同意，还包括“继续使用平台服务”这一以行为作出的默示同意。平台用户不同意平台经营者的修改，需要立即停止使用平台服务、退出平台。

目前，对平台服务协议单方变更条款的法律规范为《电子商务法》第 34 条。《电子商务法》第 34 条对电子商务平台经营者修改平台服务协议作出了征求意见与先期公示的程序要件，并要求给予平台内经营者退出权救济机制。从实践情况来看，各大电子商务平台的单方变更条款的内容基本契合《电子商务法》第 34 条的规定，也为平台用户提供了“注销整个账号”等平台退出机制。但是，由于平台服务协议普遍采取点击同意的形式缔结合同，单方变更条款属于典型的格式条款，因此，对于单方变更条款的性质，仍存在争议。主要集中在以下两个问题：一是平台服务协议变更的性质，究竟是协议变更还是单方变更；二是平台服务协议的单方变更条款多为空白条款，是否可以预先约定单方变更权。

（二）协议变更说与单方变更说

协议变更说认为，《电子商务法》第 34 条规定的平台服务协议变更是经要约、承诺方式达成的协议变更，平台对服务协议的修改行为，属于单方面提出的修改合同的要约，先期公示与征求意见程序是相对方知晓变更内容、参与协商决策的过程，协商之后，平台内经营者可以选择同意或者拒绝修改后的平台服务协议。[①] 而单方变更说则认为，平台修改服务协议的行为属于单方变更行为。该学说内部观点也不完全统一，存在以下两种观点：其一，法定单方变更权说。持该学说的学者认为，《电子商务法》第 34 条赋予了平台经营者法定的单方变更权。[②] 其二，约定单方变更权说。持该学说的学者认为，平台经营者基于单方变

① 参见全国人大财经委员会电子商务法起草组编著：《中华人民共和国电子商务法条文释义》，法律出版社 2018 年版，第 109 页。

② 参见王红霞、孙寒宁：《电子商务平台单方变更合同的法律规制——兼论〈电子商务法〉第 34 条之局限》，载《湖南大学学报（社会科学版）》2019 年第 1 期。

更条款而享有约定单方变更权。[①]

本文认为，上述学说的立论均聚焦《电子商务法》第 34 条，明晰《电子商务法》第 34 条的内涵是界定平台服务协议变更性质的关键。从文义解释上看，该条文没有直接赋予平台经营者单方变更权，仅对平台经营者变更行为的程序要件以及法律后果进行了阐释。立法者认为，该条文体现了契约严守原则，作为契约严守原则例外的单方变更权很难通过条文解释的路径获得正当性依据。[②] 因此，法定单方变更权说欠缺规范基础。

在缺乏特别法的单方变更权依据的情形下，应回归单方变更条款的内涵，遵循合同变更的一般原则来分析平台服务协议单方变更的性质——协议变更说抑或约定单方变更权说。合同变更以协议变更为原则，协议变更本质上构成了新合同，故协议变更须符合合同成立及生效的规则。平台服务协议的缔结，需要平台经营者预先拟定出定型化条款，再由平台用户作出全部接受或者全部不接受的表示。从形式上看，平台服务协议变更的特征，符合新格式合同缔结的要素，构成了协议变更；但从实质上看，平台服务协议变更属于隐藏的单方变更。

一方面，从协商过程上看，平台服务协议系格式合同，缔约双方天然存在磋商的对等性障碍，"不能协商"是格式条款的重要特征之一。德国法中，如果当事人仅能讨论条款，但无法改变条款，即不能真正影响合同条款的内容，则不构成"协商"。[③] 平台用户实质上并无选择权，即便其选择了"同意"，也可能是非真实意思表示的"被迫同意"。同时，基于效率原则的考量，平台经营者也不可能与广泛的、不确定的缔约主体逐一协商达成合意。即便能够依据意见的征集进行协商，也无法通过现实操作使众多平台内经营者形成同向一致的意见，最终与平台经营者达成合意，故变更内容的决定权仍然归属于平台经营者。而且，如果

---

① 参见林洹民：《数字服务合同单方变更权之规制》，载《现代法学》2023 年第 2 期；陈玉梅、杜政辰：《网络服务平台单方变更权的法律规制——以爱奇艺超前点播案为例》，载《湖南科技大学学报（社会科学版）》2022 年第 1 期。

② 参见全国人大财经委员会电子商务法起草组编著：《中华人民共和国电子商务法条文释义》，法律出版社 2018 年版，第 109 页。

③ 参见王利明：《具有国际化视野的〈民法典〉合同编立法》，载《经贸法律评论》2021 年第 4 期。

该变更属于协议变更，则变更后的条款不属于格式条款，其内容的妥当性将不再受到格式条款的内容控制，不利于相对方的保护。另一方面，从法律后果上看，若该修改平台服务协议的行为系协议变更，则会依据相对方同意与否产生两个法律效果：其一，平台内经营者同意变更要约的法律后果为变更的新服务协议生效。其中的“同意”不仅包括明示同意，还包括以继续使用平台服务行为构成的默示同意，默示同意是平台用户“同意”的主要表现形式。实践中，即便平台经营者履行了先期公示程序，平台用户也通常无法知悉协议的变更而继续使用平台服务。因此，以默示同意变更服务协议的行为本质上是对平台服务协议的单方变更。其二，平台内经营者拒绝变更要约的法律后果即平台服务协议未变更，此时合同双方当事人权利义务并未改变，根据权利义务一致原则，平台用户没有正当理由要求退出，并主张违约责任。换言之，协议变更无法解释变更后的平台服务继续生效、平台内经营者退出权的产生以及违约责任的承担问题。

因此，本文认为，平台服务协议单方变更条款属于约定的单方变更权。历经《电子商务法》第34条“征求意见+先期公示”程序之后，单方变更条款就被依法订入平台服务协议。这意味着平台经营者与平台用户之间就该单方变更条款的内容已经达成合意，平台经营者因此取得了未来对平台服务协议单方变更的权利。平台用户以合意的形式预先将变更权让渡给平台经营者，系意思自治的范畴，平台用户也能够合理预见到平台经营者将依据其授权单方变更平台服务协议。故蕴含当事人合意的单方变更条款可以作为约定单方变更权存在的正当性依据。

（三）具体条款与空白条款

平台服务协议单方变更条款包括具体条款与空白条款两种类型。所谓具体条款，是指单方变更条款中明确了变更的条件与变更的内容范围。而空白条款是指单方变更条款中仅规定了当事人具有单方变更权。传统的单方变更权条款一般会约定明确的变更内容与范围，属于具体条款；而当前各大电子商务平台的单方变更条款倾向于采用不加限制的、一般性的、宽泛性的表述，单方变更的适用范围缺乏明确的限制，故属于空白条款。有观点认为空白条款具有不确定性，不符合

“透明性原则”，违背了相对人的可期待性，认为其系不公平条款，应当被认定为不生效力，德国是典型的立法例。[①]

本文认为，因欠缺确定性与透明性而直接、当然否定平台服务协议单方变更条款的效力，不符合电子商务实践的需要。我国司法实践中，“确定性原则”与“透明性原则”并非判断单方变更条款效力的唯一标准。在“赖某与浙江淘宝网络有限公司确认合同无效纠纷上诉案”[②]中，淘宝平台服务协议单方变更条款只约定了“根据需要”进行变更，没有明确变更内容与范围，法院认为，该空白条款未违反自愿、公平、平等的原则，也不违反订立合同要约承诺的规定，更未违反法律法规强制性规定，并不必然导致无效；而且淘宝平台基于互联网行业的高速发展及相关管理规定的变迁，对服务协议的内容作出单方变更具有合理性，要求其与用户逐一协商不具有现实操作的可能性，变更行为也未损害公共利益，最终法院综合衡量肯认了该空白条款的效力。

实际上，法院对空白条款有效性的认可，是基于对平台服务协议单方变更条款是否公平的考量。一般性、宽泛性的单方变更条款的确可能对平台用户的合理信赖造成不利影响，但若平台服务协议单方变更条款本身具有公平性，符合平台用户缔结平台服务协议时的合理预期，那么承认单方变更空白条款的效力，就具有合理性。本文认为，平台服务协议单方变更条款公平性审查的核心要素在于单方变更的必要性。第一，平台服务协议单方变更条款的设置是为了响应行业发展的需要。技术是平台的核心竞争力，技术迭代必然需要变更服务协议的内容。平台经营者为提高市场竞争力，根据技术进步、用户需求、商业运营等需要，及时优化服务内容、更新服务模式，是行业发展的必然要求。第二，平台服务协议单方变更条款的设置，契合法律政策的动态调整。在数字经济迅猛发展的背景下，平台监管体系尚未建立健全，不断出台的法律法规与国家政策要求平台予以落实，是行业监管的现实要求。平台服务协议也须随之调整和改变。第三，平台服务协议单方变更条款的设置，有助于相对人利益的增加。相对人利益并非指个别

---

① 参见张晓梅、周江洪：《格式条款提供者的单方变更问题研究》，载《浙江大学学报（人文社会科学版）》2022 年第 10 期。

② 参见浙江省杭州市中级人民法院（2016）浙 01 民终 2113 号民事判决书。

相对方因单方变更而产生的具体利益，而是指该单方变更行为对广泛的缔约者产生的长远利益、一般利益。基于技术服务迭代升级而单方变更平台服务协议的行为，符合平台用户一般利益，有利于提升服务体验、增进用户福祉，应当对该单方变更条款的效力予以认可。

二、平台服务协议单方变更条款的规则适用

（一）《电子商务法》“征求意见+先期公示”制度

虽然平台经营者因平台用户预先授权的单方变更条款而享有单方变更权，但是其行使单方变更权时，首先要满足《电子商务法》第 34 条规定的程序要件，即征求意见与先期公示制度。

第一，征求意见制度。征求意见是指，在单方变更平台服务协议的过程中，电子商务平台经营者将预先拟定好的变更内容公开，主动向平台用户收集变更建议的行为。征求意见制度主要出现在一般性规则的制定过程中，平台服务协议涉及广泛平台用户的利益，是平台治理的规范依据，《电子商务法》要求平台经营者公开征求意见，契合了平台服务协议的一般性规则属性，有利于保障平台用户的参与权和意见表达权。此外，通过征求用户反馈，平台经营者能够更加审慎地评估其单方变更的必要性和合理性，从而使修改后的条款更加契合电子商务平台的运营模式，满足多元需求，营造更好的平台环境。从形式上看，平台经营者需要在首页显著位置征求意见，采取合理措施，如加颜色、加粗等形式，确保平台用户能够及时充分表达意见。从程序上看，虽然《电子商务法》并未具体规定征求意见之后的处理程序，但为避免征求意见制度流于形式，平台经营者有义务采取合理措施将征求意见制度落到实处，即通过调查问卷、弹窗等形式收集修改意见，对征集的意见进行逐一审查与反馈，说明采纳与不采纳的理由，充分保障平台用户的参与权和意见表达权。

第二，先期公示制度。先期公示是指，电子商务平台经营者在单方变更的条款内容确定实施之前，将变更后的平台服务协议向平台用户公示特定期间的程

序。先期公示制度包含两个要素，即“先期”和“公示”。首先，“先期”，即在变更内容实施前公示一定期间。设置公示期间的目的是为平台用户提供足够的时间深入了解平台服务协议变更后条款的内容，决定是否接受平台服务协议变更后的条款，并对相关事项作出安排。《电子商务法》规定的公示期是至少七日。公示时间的起算点应当在平台服务协议公开征求意见之后，即平台经营者单方变更平台服务协议的，需要在平台服务协议变更之前先向平台内经营者公开征求意见，确定平台服务协议后，至少提前七日在首页显著位置公告、推送通知。其次，“公示”，即依法向社会公众公开。平台经营者实施公示行为可以被理解为其履行通知义务的具体表现形式之一。平台经营者需要履行通知义务，从而保护平台用户的知情权与选择权，考虑到通知义务履行对象的广泛性与不确定性，平台经营者逐一通知平台用户存在实际困难，因此，《电子商务法》选择通过公示方式履行通知义务。依据《电子商务法》第 34 条的规定，平台经营者将变更后的平台服务协议在首页显著位置公示，即可被认为已履行通知义务。

综上所述，从平台单方变更的程序上看，平台经营者只有履行了征求意见与先期公示的程序性义务，该条款才能发生平台服务协议单方变更的效力，对平台用户产生实质拘束力。

（二）单方变更条款的合理性审查

平台经营者依单方变更条款享有单方变更权，不意味着其可以滥用该权利、肆意修改平台服务协议的内容，平台经营者变更的内容应当具有合理性。平台经营者的单方变更可以分为有利于平台用户的变更和不利于平台用户的变更。单方变更内容的决定权归属于平台经营者，平台经营者加重自身义务、限制自身权利，是其意思自治的范畴，应当被尊重，故而合理性审查的核心在于保护平台用户的合法权益。有利于平台用户的变更，因充分保障了平台用户的合法权益而通常被认为是有效的。不利于平台用户的变更则需要受到合理性审查的规制，唯有不利于平台用户的变更具有合理性时才发生法律效力。不利于平台用户的变更的合理性审查一般包括如下步骤。

第一，需要检视单方变更后的条款是否存在违反法律、行政法规的强制性规定或有违民法基本原则的情形。依据《民法典》第497条第1项的规定，如果单方变更后的格式条款存在《民法典》总则编规定的无效情形或者符合《民法典》第506条中关于免责条款无效情形的规定，则该单方变更后的格式条款绝对无效。该项合理性审查实质上是对单方变更后的条款进行民事法律行为绝对无效的一般性审查。从调整对象上来看，该项绝对无效的合理性审查是针对所有合同条款的一般性规定，并非专门针对格式条款内容控制的规则，属于指示参引性规定，单方变更后的条款存在此项绝对无效情形的，无须进入后续格式条款内容控制审查程序，即可直接否定该条款之效力。绝对无效的合理性审查聚焦当事人行为能力、意思表示是否真实、是否违反法律或行政法规的强制性规定、是否违背公序良俗、是否恶意串通损害第三人利益，以及是否免除了禁止免除的责任。在个案具体审查的过程中，需要特别注意对违反法律、行政法规的强制性规定的识别。《民法典》第153条第1款中的强制性规定应当根据其规范目的进行限缩解释，如果单方变更后的条款违反的强制性规定的规范目的可以通过其他部门法手段实现，则依据比例原则，不应当认定违反该强制性规定的单方变更后的条款无效。例如，在“李某诉广州交易猫信息技术有限公司网络服务合同纠纷案”①中，涉案平台服务协议中含有免除平台安全保障责任的条款，而根据《电子商务法》第27条和第38条的规定，平台经营者负有审核义务和安全保障义务，法院认为，涉案平台在提供平台服务的过程中未尽谨慎审查义务和安全保障义务，应当承担相应责任。

第二，需要检视单方变更后的条款是否符合格式条款内容控制的规制。《民法典》第497条第2项和第3项系格式条款内容控制规则，若格式条款存在限制或者排除因合同而发生的重要权利或义务，致使合同目的不能实现，则该格式条款绝对无效。《民法典》第497条相比《合同法》在内容控制上对“免除或者减轻其责任、加重对方责任”的情形增加了“合理性”这一实质审查标准。内容控制是基于契约正义而对当事人利益失衡的矫正，故“不合理”应指不合理的利益减损。不利于平台用户的变更本身即对平台用户造成了利益减损，唯有此种减损超出适当范畴，达到“不合理”的程度时，才应当对该单方变更行为的效

① 参见广州互联网法院（2020）粤0192民初字27813号民事判决书。

力作否定性评价。“合理性”的判断存在概括标准和基于概括标准而产生的“合理性”判断的具体化因素。一般认为，公平原则和诚信原则是“合理性”判断的概括标准。① 公平原则要求平台经营者变更平台服务协议时，兼顾缔约双方的利益关系，确保变更后的条款中双方当事人的权利义务相对等。诚信原则要求平台经营者恪守诚信，在依据自身需要变更协议时，充分维护平台用户合法权益，确保变更后的条款权利义务均衡。然而，公平原则和诚信原则作为概括标准较为抽象，因此，基于其基本精神，衍生出一些“合理性”判断的具体化因素。

格式条款合理性审查需要对这些“合理性”判断的具体化因素进行综合衡量，最终作出效力评价。本文认为，需要根据任意法规范、平台用户的合同目的、交易习惯、变更必要性等因素，综合判断双方当事人权利义务分配是否合理。其一，任意法规范。任意法规范因素主要考量的是单方变更后的条款对任意法规范的偏离程度。任意法规范是法律在所涉情形下作出的利益均衡的示范规范，体现了立法者利益均衡的价值判断，其蕴含的正当性要求是诚信原则的具体化。这里的任意法规范不仅包含法律法规中的任意法规范，还包括被广泛认可的法律原则，如与有过失原则等。若单方变更后的条款严重背离了任意法规范，应当认定其产生了不合理的利益减损。其二，平台用户的合同目的。平台用户的合同目的系平台用户在平台服务协议中追求的核心权益。若单方变更后的条款严重损害了平台用户的核心权益，必然会导致其合同目的不能实现，实质上是剥夺了平台用户根据服务协议应得的利益，应当认定其产生了不合理的利益减损。在“吴某威与北京爱奇艺科技有限公司网络服务合同纠纷案”②中，吴某威购买“黄金 VIP”增值服务的目的在于抢先收看热播剧，爱奇艺平台单方变更后的 VIP 会员协议中出现了“关于额外付费的特别说明”的内容，使得吴某威需要额外付费才能观看最新剧集，损害了其购买“黄金 VIP”增值服务的核心权益，法院即因此认定该条款系对吴某威的不合理条款，进而否定了单方变更后条款的效力。其三，交易习惯。交易习惯是指电子商务领域内平台经营者和平台用户在交易活动中的惯常做法。交易习惯能否作为“合理性”的具体化因素的关键在于

① 参见李永军主编：《民法学教程》，中国政法大学出版社 2023 年版，第 557 页。
② 参见北京市第四中级人民法院（2020）京 04 民终 359 号民事判决书。

交易习惯本身的合理性，而非反复出现的事实本身。需要注意的是，垄断的电子商务平台服务协议内容具有高度同质性，行业内的惯常做法未必合理，在适用交易习惯这一衡量因素时，需要审慎考量，只有在交易习惯取得了缔约双方的共同认可时，才可认定双方权利义务均衡。在“田某章与北京微梦创科网络技术有限公司网络服务合同纠纷案”①中，法院认为平台变更后的条款关于微博平台对于微博内容的使用权、第三方禁用权及维权权利的约定，符合当前网络平台运营惯例及商业模式，并无不当，进而认可了单方变更后条款的效力。

三、平台服务协议单方变更条款的制度完善

（一）现行退出权救济机制的不足

单方变更条款赋予了平台经营者单方变更权，根据合同权利义务相统一和兼顾效率与公平原则，有必要为平台用户提供合理的救济机制以对其不利益进行补正。《电子商务法》第34条为平台内经营者提供了法定的救济机制——退出权。退出权是指，平台内经营者可以选择不接受单方变更后的平台服务协议，并退出平台的权利。所谓退出平台，是指平台内经营者不再继续在该电子商务平台上从事营利性活动。平台内经营者的退出权是自由的、无成本的退出权，平台经营者不得设置任何障碍来限制平台内经营者行使退出权，包括但不限于设置退出费用等。此种无阻碍的退出权是均衡单方变更条款缔约双方利益的最后屏障。不过，本文认为，虽然退出权救济机制能够在一定程度上发挥均衡权益的功用，但仍然不足以充分救济平台用户的合法权益。原因如下。

第一，退出权的行使条件问题。各大电商平台单方变更条款具有同质性，以《淘宝平台服务协议》为例，其对单方变更法律效果的描述是“如您对已生效的变更事项仍不同意的，您应当于变更事项确定的生效之日起停止使用淘宝平台服务，变更事项对您不产生效力；如您在变更事项生效后仍继续使用淘宝平台服务，则视为您同意已生效的变更事项。”也就是说，平台内经营者必须在变更后

① 参见北京市海淀区人民法院（2018）京0108民初26849号民事判决书。

的条款生效前，通过“立即停止使用平台服务”的行为表明自己不同意。《电子商务法》第34条要求平台经营者至少在变更条款实施前七日予以公示。易言之，平台内经营者需要在较短的公示期内作出退出与否的选择，否则将因“继续使用平台服务”而被视为默示同意，从而被迫接受变更后的条款，丧失退出权。此外，对于平台内经营者而言，即使平台服务协议的变更通知被公示在首页显著位置，其也不一定能及时看到变更通知，这将导致那些未能及时知晓变更信息的平台内经营者的合法权益难以得到充分救济。

第二，退出权现实操作的可能性低。一方面，平台内经营者退出的成本较高。目前，电子商务平台基本处于垄断状态，如淘宝、京东、拼多多基本上占据了相当大的市场份额，处于垄断与控制地位，平台内经营者对电子商务平台具有较强的依赖性。当平台内经营者面对电子商务平台，尤其是超级电子商务平台时，其单方退出即意味着失去海量的交易机会，退出成本较高。这种结构优势使得平台内经营者在平台服务协议单方变更中往往处于劣势地位，退出电子商务平台的选择会受到较大限制，即使平台内经营者原本并不赞同单方变更后的条款，出于自身利益的考量，也会选择被迫接受。另一方面，平台经营者“退无可退”。平台服务协议高度同质性致使平台内经营者在订立平台服务协议时实际上很难再有选择余地，高度同质性促成了垄断局面，如果平台内经营者不同意单方变更后的条款选择退出该平台，则意味着其退出了整个电子商务市场，故平台内经营者只能被迫接受该条款，否则将丧失海量甚至全部的交易机会。

综上所述，如何充分救济平台用户合法权益、规制平台经营者单方变更条款以避免权利滥用，是平台服务协议单方变更制度需要完善的方向。

（二）优化“征求意见+先期公示”制度

《电子商务法》第34条对单方变更条款的适用作出了征求意见与先期公示的程序性要求，但本文认为，仍需对“征求意见+先期公示”制度进一步优化。

第一，加强不利于平台用户变更条款的提示标准。本文建议将变更后条款区分为有利于平台用户的条款和不利于平台用户的条款。对于前者，平台经营者只需履行充分披露义务，确保平台用户能够知晓其内容即可；对于后者，平台经营者的提示需要达到“显著性”标准，包含形式和实质的双重要求，即形式上要求条款在排版、标识等外部表现方面具有显著性，实质上要求条款在内容直观性、文本通俗性等条文内容方面具有显著性。第二，明确平台经营者对重大利益变更的特别提示义务。一般而言，变更涉及的电子商务合同的订立、合同目的的实现、责任承担等内容的条款，均属于影响平台用户重大利益的条款。对于提示的方式，除“弹框+固定阅读时长”“弹框+拖拽到页面底部”等现有的形式外，平台经营者亦有义务利用数字科技，不断探索更加有效的合理提示方式，确保用户能够充分了解相关信息，保障平台用户知情权。第三，强化平台经营者意见收集规则。平台经营者应当单独设置“平台服务协议变更意见”留言板块，并在平台首页发布公开征求意见通知，以链接的形式明确平台用户发表意见的渠道，保障其诉求表达权；平台经营者公开征求意见的通知，除应在平台首页发布外，还应以弹窗等形式特别提示平台用户，以便平台用户及时充分表达意见。第四，增加平台经营者的意见反馈义务。平台用户所表达的意见，只有得到有效回应和采纳，才能发挥实际作用。平台经营者应当对变更意见留言板上用户的意见进行逐一审查并公开回复，具体阐明采纳与不采纳的理由，便于平台用户监督。此外，还应将平台经营者的意见反馈内容纳入单方变更条款合理性审查的判断因素，以此警示平台经营者认真履行意见反馈义务。

（三）引入格式条款“黑名单”“灰名单”制度

尽管我国《民法典》增加了“合理性”的实质审查标准，但在具体审查过程中，仍主要依赖抽象的公平原则和诚信原则，结合任意法规范、平台用户的合同目的、交易习惯等因素综合衡量进行判断。此种依赖抽象原则的审查模式仍然过于笼统，效力审查结果不具有确定的法律预期，不利于充分保障平台用户的合法权益。比较法上，德国及欧盟已经有了较好的立法经验，其采用从具体规则到抽象原则的逻辑顺序来进行格式条款内容控制的规制。[1] 将公平原则和诚信原则等抽象原则置于兜底地位，同时设置具体而确定的不公平条款的“负面清单”，

---

① 参见张良：《论消费者合同中格式条款的内容控制》，载《河南大学学报（社会科学版）》2016年第4期。

法院可以直接依据“负面清单”（“黑名单”“灰名单”）这一客观标准对格式条款作出较为确定的效力评价。

本文认为，我国可以在平台服务协议单方变更的内容控制审查中引入“黑名单”“灰名单”制度将平台服务协议单方变更中的不公平条款予以类型化，将一定限度的不公平条款划入“黑名单”，认定该类条款绝对无效，不允许平台经营者举证推翻；同时将一定范围的“疑似不公平”条款划入“灰名单”，推定该类条款无效，即如果平台经营者能够充分证明其变更具有正当理由，且法院综合多种因素考量认定其变更符合公平原则和诚信原则，则可以推翻无效的推定，认可该条款的效力。具体而言，平台服务协议单方变更的“黑名单”条款包括但不限于：其一，符合《民法典》《消费者权益保护法》格式条款无效情形的规定的条款；其二，排除或限制平台用户依法投诉、举报、请求调解、申请仲裁、提起诉讼等法定程序性权利的条款；其三，排除平台用户依服务协议应享有主要权利的条款，如收货人签收商品即视为认可商品质量符合约定的条款。“灰名单”条款包括但不限于：其一，约定所有因平台服务协议引起的争议均由平台经营者所在地法院管辖的条款；其二，在要约、要约邀请和承诺事项上对平台用户不公平的条款；其三，约定的权利义务不对等条款，如缔约双方违约金不对等的条款等。

（四）规范平台自治性规范制定权

平台服务协议单方变更权是平台自治性规范制定权的体现。因此，可以在公法层面上对平台服务协议单方变更权进行规制。[①] 本文认为，平台服务协议的制定与修改需要受到以下公法原则的控制。

第一，合宪性原则和合法性原则。合宪性原则强调平台经营者制定、修改平台服务协议须限定于权力范围内，并遵循法定程序，且相关内容不会侵犯公民基本权利，而合法性原则要求平台经营者制定、修改平台服务协议时，不得出现相

① 参见黄绍坤：《平台规则效力判定标准的重构》，载《法学评论》2024年第3期；解志勇：《超级平台重要规则制定权的规制》，载《清华法学》2024年第2期。

关内容与上位法发生抵触的情形。[①] 合宪性原则关注协议相关内容的制定、修改过程吸收了社会公众的意见，而合法性原则强调协议相关内容的制定、修改程序合法，且公开透明，有助于利益相关者通过合法途径表达观点。第二，赋权均衡原则。平台经营者享有平台规则制定权，处于平台关系的优势地位，受私人利益的裹挟，其往往会在对自治规范制定与修改的过程中滥用管理权力，损害平台内经营者的合法权益。赋权均衡原则建立在公平原则与诚信原则的基础之上，要求平台经营者制定与修改平台服务协议时保障平台与平台内经营者、消费者之间利益均衡。第三，比例原则。比例原则要求规制手段与规制目的具有适当性、必要性和均衡性。修改后的平台服务协议应当遵循比例原则，设置适当的监管处罚措施，实现监管目的与监管手段相适应的要求，即该项措施应当在达到有效监管的同时，不会过分损害平台内经营者的合法权益。例如，平台经营者在选用降权、屏蔽、封禁等监管手段时，应当优先选择对平台用户影响最小的手段。第四，平等非歧视原则。平等非歧视原则意味着平台服务协议相关内容须在形式上和实质上能够平等保障利益相关者的权益。平台经营者变更协议后的内容应当平等对待每一个平台内经营者、消费者，严格禁止算法歧视行为，如大数据“杀熟”。平等非歧视原则不仅要求形式上平等，还要求实质上的平等，如协议内容应包含对弱势消费者的倾斜保护、对中小微企业设置合理的准入门槛等。

四、结语

2023 年 4 月 28 日中共中央政治局召开会议，指出“要推动平台企业规范健康发展，鼓励头部平台企业探索创新。”[②] 平台服务协议单方变更条款是新业态发展形式下的产物，对提高交易效率、推动服务创新、完善平台管理具有重要意义。然而，此类单方变更条款冲击了契约严守原则和传统格式条款规制规则，在

① 参见王锴：《合宪性、合法性、适当性审查的区别与联系》，载《中国法学》2019 年第 1 期。

② 参见《新华述评：持续提振经营主体信心——落实中央政治局会议精神做好当前经济工作系列述评之四》，载新华网，http://www.news.cn/comments/2023－05/03/c_1129587132.htm. 访问日期：2024 年 9 月 30 日。

长期化与定型化适用优势的侵蚀下，不可避免会导致各方利益的失衡，因此，如何在兼顾互联网产业的未来发展与妥善保护平台用户权益的情形下，完善单方变更条款的规制路径，是当前亟待解决的问题。单方变更条款的正当性依据源于其订入平台服务协议时平台用户的预先授权，不透明的单方变更条款唯有符合公平审查和平台用户利益，才具有法律效力。在单方变更条款的具体适用中，平台经营者必须充分履行征求意见与先期公示的程序要求，吸纳意见、群策群力，确保变更内容切实符合电子商务的实践需求；同时，需要严格审查平台经营者单方变更的合理性，从公平原则和诚信原则出发遏制变更过程中的权益失衡。此外，还需从公法层面出发限制平台自治性规范制定权的效力边界，构建符合电子商务行业特色的监管框架，营造良好的平台环境，引导平台经济及商业模式创新朝着更加健康、有序的方向发展。

法学视角下读者借阅数据体系的构建

董　平*

摘要：读者借阅数据是图书馆服务不断创新发展的动力。但是，当前读者借阅数据存在个人信息属性尚不明确、分类标准尚不周延、使用基础尚不全面等问题，限制了读者借阅数据在图书馆服务创新领域应当发挥的作用。本文以读者借阅数据的可识别性为切入点，探讨其是否属于读者个人信息，然后在此基础上探讨其私密性与敏感性特征。最后，本文基于读者借阅数据的前述性质与特点，提出应当建立逻辑周密的读者借阅数据体系，分别明确图书馆使用各类读者借阅数据提供服务的合法性基础为读者同意或者合理使用。本文的研究有助于实现读者个人信息保护与图书馆数据使用之间的平衡，预防法律纠纷的发生，为图书馆合法合理使用读者借阅数据、提供创新型服务奠定坚实的法律基础。

关键词：读者借阅数据　读者个人信息　可识别性　知情同意　合理使用

一、引言

在信息时代背景下，数据的收集与使用成为社会各界普遍关注的重点与难点问题。图书馆作为高校或者社会中的文献资料中心，不仅是纸本数据中心，也是

* 中国政法大学图书馆读者服务中心二部副主任。

电子数据中心，拥有浩如烟海的资源数据与读者数据。法律对读者数据的保护问题给予了一定的重视，早在《民法典》与《个人信息保护法》正式出台前，2017 年，全国人大常委会就颁布了《公共图书馆法》，其对读者个人信息与借阅信息的保护作出明确规定。《民法典》与《个人信息保护法》出台后，图书馆纷纷作出回应，迅速修改隐私协议，一改以前较为粗疏的个人信息保护规则与简略的个人信息滥用泄露免责条款，制定了较为详细的读者个人信息保护规则。例如，国家图书馆与首都图书馆等机构颁布的隐私协议表明图书馆已经开始重视读者个人信息保护问题，并已作出积极的探索与尝试。但是，当前的隐私协议也存在一定的问题，有待进一步的探讨。

本文主要采用了实证调研、文本分析与比较分析的研究方法。首先，本文采用了实证调研的方法，调研对象主要包括以下三类：国家图书馆、首都图书馆、上海图书馆、广东省立中山图书馆等国内公共图书馆，美国、加拿大、德国、英国、澳大利亚、新西兰、韩国等国家的国家图书馆或者国会图书馆，使用图星平台的中国政法大学图书馆、使用 ALMA 平台的清华大学图书馆、使用 FOLIO 平台的北京大学图书馆等高校图书馆。在前述图书馆的网络页面或者移动客户端注册账户，真实提交个人信息，实际同意或者拒绝其隐私协议的内容。其次，本文采用文本分析的方法，研读各个图书馆隐私协议中的读者借阅数据使用条款，搜集中国、欧盟、德国、美国、韩国等国家或者地区关于个人信息或者数据的相关立法。最后，采用比较研究的方法，对比各个图书馆或者立法的做法，总结当前读者借阅数据利用现状，反思存在的问题，借鉴有益经验，尝试提出解决方案。

二、读者借阅数据规范研究的现状

借阅是一个广义的概念，既包括图书借还，也包括图书阅览。因此，读者借阅数据既包括图书借还数据，也包括图书阅览数据。在图书馆业务语境下，图书借阅也被称为图书流通，所以读者借阅数据也可以被称为图书流通数据。在美国各州的图书馆立法中，读者借阅数据通常被表述为 Circulation Records，立法使用“记录”一词表明该数据是读者借阅行为的真实“记载”，该记录的本质便是数据，体现的是读者的借阅信息。读者借阅数据是一种相对于读者身份数据（Registration Records）而言的数据类型。后者的内容主要是身份识别，即识别读者已经在本图书馆完成注册，与本图书馆签订服务协议，有权利使用本图书馆的资源与服务，履行与本图书馆约定的义务。而前者的内容主要是行为记录，即记录读者在本图书馆使用资源与服务的真实情况，督促读者履行归还图书等义务，评估图书馆资源与服务的质量和水平。

（一）数字时代读者借阅数据类型的扩张

在传统的图书馆业务语境下，读者借阅数据是指读者向图书馆借阅图书时，记录在读者账户名下的读者姓名、借阅账号、图书题名、借出时间、归还时间等信息。随着信息技术的发展，图书借阅方式从人工借还向机器借还转变，读者借阅数据的载体形式从纸质卡片向电脑数据转变。在图书流通实践中，读者借阅数据的生成与呈现形式是多种多样的，例如，读者利用自助借还机自助借还时生成的借阅数据，读者前往图书馆服务台使用人工借还服务时在服务台电脑中生成的借阅数据，读者在图书馆 OPAC 平台上提交图书预约或者委托服务申请时形成的借阅数据，读者申请馆际互借图书时形成的借阅数据。本质上这都是读者使用图书服务时在其个人借阅账户名下形成的借阅数据。

随着信息网络技术与数字技术的进一步发展，图书馆能够自行或者通过第三方收集、处理、使用读者访问图书馆网站时留下的“面包屑”数据，例如，图书馆利用 Cookies 技术记录的读者 IP 地址、检索术语、浏览页面、浏览时间、点击情况、文件下载情况等数据。图书馆通过这些数据可以了解读者的借阅偏好与借阅需求，能够改进借阅服务内容与模式，提升借阅服务质量。虽然前述数据并未直接记录于读者账户名下，不同于传统的读者借阅数据，但是该数据产生于读者为进行狭义的借阅行为而开展的图书信息检索行为，是狭义借阅行为的必要前期行为，是读者借阅行为在网络页面环境下的真实记录，应当属于广义的读者借阅数据。本文认为，能够单独识别读者借阅行为的传统借阅数据为直接的读者借阅数据，利用 Cookies 等技术收集的、需要结合其他数据方可识别读者借阅行为的数据为间接的读者借阅数据。

（二）读者借阅数据规范研究现状的分析

随着图书馆利用信息网络提供数字服务的发展，其逐渐认识到个人信息保护的重要作用。但是，调研发现，大多数图书馆的隐私协议主要关注用户注册信息与 Cookies 信息的保护问题，而对于直接的读者借阅数据，大多数图书馆的隐私协议并未明确涉及。当前，仅有首都图书馆 App 的隐私协议存在相关表述，协议指出“信息使用……将收集用户对资源、活动等服务的利用情况进行统计分析”。根据语义解释的方法，“用户对资源、活动等服务的利用情况进行统计分析”应当包括直接的读者借阅数据的收集、统计、分析、使用。结合上下文，该条规定了图书馆使用读者借阅数据时的读者授权同意机制。如果说图书馆通过 Cookies 等技术收集的读者借阅数据是“面包屑”，那么直接的读者借阅数据便是“大块面包”，该类数据的重要价值、使用规则与保护意义不容忽视。

虽然图书馆业务领域未对读者借阅数据的法律保护给予充分的重视，但是图书馆相关立法对读者借阅数据进行了较多的规定。其典型代表为美国各州的图书馆立法规范。美国 48 个州和哥伦比亚特区出台了保护图书馆记录私密性的相关法律，其余的两个州（肯塔基州和夏威夷州）发布了保护图书馆用户隐私的司法部长意见。这些法律与意见大多主张，读者借阅记录既包括在线搜索记录、数据库搜索记录等内容，也包括流通借阅记录等内容，读者的借阅记录是保密的，图书馆不得予以披露，除非满足少数法定例外条件，例如读者同意或者法庭调令。[①] 美国各州此种严格限制读者借阅数据披露的态度与其图书馆立法的发展历史存在密切的关系。因借阅数据能够反映读者的思想认知状况，美国联邦调查部门通过向图书馆查阅读者的借阅记录，分析与判断特定读者是否存在危害国家安全与公共安全的风险隐患。美国社会各界认为，为抵御公权力对私权利领域的入侵，保障公民的权利，图书馆及其馆员负有保障读者隐私安全的道德义务与法律义务，除少量例外情形外，不得披露读者借阅数据。美国各州公共图书馆立法对

① See “State Privacy Laws Regarding Library Records,” *American Library Association*, February 27, 2010, accessed March 18, 2024, https://www.ala.org/advocacy/privacy/statelaws. 美国各州法规检索来源为 Lexis 数据库与 Westlaw Classic 数据库。

公权力持有一种极为紧张的防御状态，因而对读者借阅数据的披露问题出现了略显应激的反应，这导致其未能充分关注私权利内部的读者借阅数据的使用问题，影响了图书馆利用读者借阅数据提供文化公共服务的积极性。

关于读者借阅数据的法律规制，我国立法采取了一种较为谨慎的模式。《公共图书馆法》规定图书馆负有妥善保护读者借阅数据的义务，不得出售或者非法提供，否则应当承担相应的法律责任。这可能与我国《公共图书馆法》的立法历史背景有关。全国人大常委会于2017年颁布该法，并于2018年予以修订，当时个人信息的相关法律正处在创立阶段，《民法典》《个人信息保护法》尚未出台。当时的图书馆立法以保护读者基础权益、保障图书馆事业的稳定发展为主要目的，这体现了特定历史背景下的特定诉求。但是当前，通过数据的开发利用提供数字化服务已经成为社会的重要发展趋势，图书馆立法的法律规制巨轮也应当调整航向，朝着利用数据、释放潜能、服务读者的未来前进。

（三）读者借阅数据规范研究存在的问题

总结读者借阅数据法律规制现状后发现，其存在一定的可完善之处，从法学理论的视角来看，具体体现在以下方面。

第一，读者借阅数据的个人信息属性尚不明确。如果读者借阅数据属于个人信息，则其将受到法律的特别保护，其使用将受到较为严格的限制。明确数据是否具有个人信息属性是读者借阅数据使用首先需要解决的问题。我国《公共图书馆法》将读者借阅数据与读者个人信息并列。法律的该项规定引发了学界关于读者借阅数据性质的大讨论。该规定主要存在两种解释：一种是读者借阅数据是区别于读者个人信息的独立数据类型，另一种是将读者借阅数据单独表达以强调法律对该类读者个人信息保护的特别关注。① 其中，关于图书馆与当前普遍关注的Cookies信息的属性问题，可以从我国的个人信息国家标准中看到国家管理部门的立场：个人上网记录属于一种个人信息，② 据此，Cookies读者借阅数据作为图

---

① 参见李紫阳：《〈公共图书馆法〉读者个人信息保护条款的立法反思与协调》，载《图书馆》2022年第9期。

② 参见《信息安全技术 个人信息安全规范》（GB/T 35273—2020）附录A（资料性附录）个人信息示例部分。

书服务场景中的个人上网记录，应当属于个人信息。但是，各国图书馆纷纷强调其仅通过Cookies等技术收集并使用聚合的、匿名化的、非可识别的、非个人的信息。那么，是否所有的Cookies借阅数据均属于个人信息尚存在争论，直接读者借阅数据是否为个人信息无明确涉及，其判断标准尚待确立。

第二，读者借阅数据的分类标准尚不周延。根据来源与内容的差异，数据可以分为公共数据、企业数据与个人数据三类。根据个人数据的不同特点，又可以进行详细的划分，可以建立条理清晰的数据分类体系。具体到读者借阅数据领域，该数据的内容庞杂，具有不同的法律性质与法律特点，分属不同的数据类型，法律给予不同程度的保护。在当前的学术研究中，已有学者在研究读者个人信息时一并提出应当对读者借阅数据进行分类分级保护。① 但是，当前的研究尚存在一定的问题：不同类型的读者借阅数据分属不同性质的权益，适用不同的法律规则，但当前的研究尚未明确各类借阅数据的权益性质；私密借阅数据与敏感借阅数据的界限划分不清，导致两者存在交叉重叠，法律基础不明；分类分级保护导致读者借阅数据的割裂化与碎片化，可能存在法律规制的真空地带。

第三，读者借阅数据的使用基础尚不全面。当前关于读者借阅数据的研究过度强调图书馆的义务而忽视图书馆的权利，致使权利义务关系失衡。以往的研究大多关注图书馆对读者所负的义务，从保护读者隐私权的义务②到保护读者个人信息权益的义务③，还有学者提出图书馆的合规义务，具体包括告知、评估、安全保障、监督、删除等义务。④ 这使得图书馆采取了一种极为保守的数据收集与使用策略，其在隐私协议中将读者同意作为读者数据使用的主要合法性基础，只有在极少数情形下，图书馆基于公共安全等理由可以未经读者同意使用其个人信

---

① 参见童云峰：《证立与提倡：读者个人信息的民法分类分级保护》，载《现代情报》2021年第12期；郑晓圳、钟晓雯：《论读者个人信息处理中“同意”的类型化适用》，载《图书馆研究与工作》2023年第10期。

② 参见姜盼盼：《图书馆隐私政策合规性的依据与标准》，载《图书馆建设》2019年第4期。

③ 参见侯韦锋、丁炫凯：《论图书馆对读者个人信息的保护——以〈个人信息保护法〉为中心的考察》，载《图书馆论坛》2021年第12期。

④ 参见陈祥玲、肖冬梅、杨忠：《图书馆处理个人信息的合规义务研究》，载《图书情报工作》2022年第17期。

息，以免陷入被认为未能妥当履行读者个人信息保护义务的法律纠纷。权利与义务相伴而生，如果只单方面强调图书馆的义务，而忽视其合法使用读者借阅数据的权利，会妨碍读者借阅数据作用的充分发挥，阻碍图书馆提供优质的公共文化教育服务。合理使用制度是图书馆领域文献资源利用的重要合法性基础，法律也应充分关注该制度在图书馆数据资源利用中的合法性供给作用。

三、读者借阅数据法律属性的明确

（一）决定性质：读者借阅数据的可识别性

读者借阅数据可能有多种采集方式与呈现方式，但是其本质与价值在于其所承载的信息。因此，在探讨读者借阅数据是否具备个人信息的法律属性时，应当不拘泥于其收集方式是传统的还是现代的、其内容呈现方式是直接的还是间接的，而应关注其所承载与传达的信息是否具备个人信息的核心要素——可识别性。关于该问题，有观点指出，读者借阅数据与读者个人信息是交叉关系，因为实践中存在不可识别特定读者的借阅数据，其典型示例包括两种情形：一是无法识别特定读者的原始借阅数据，例如特定期间内读者整体的检索数据；二是图书馆加工处理后的衍生借阅数据。①

无论是第一种示例还是第二种示例，均属于经过加工处理后的衍生借阅数据。其差别仅在于加工处理过程是位于“台前”，还是处于“台后”，是直观“看得见”的方式还是“看不见”的方式，此处的“台”便是指图书馆服务平台。加工处理的方式并非核心，而且加工处理行为本身也并非关键，加工处理的效果才是使借阅数据的性质发生根本变化的原因。衍生借阅数据是以原始借阅数据为基础，经过不同程度的加工处理而形成的数据类型。如果经过加工处理后的借阅数据达到匿名化的效果，丧失可识别性，便不再属于读者个人信息。如果经过一定加工处理后的借阅数据未达到匿名化的效果，虽然其属于衍生数据，其仍

① 参见时诚：《数字时代读者个人信息、借阅信息与隐私信息的关系——以〈公共图书馆法〉第43条为研究对象》，载《图书馆建设》2021年第6期。

然具有可识别性，依旧属于读者个人信息。因此，本文主张，可以将读者借阅数据分为原始借阅数据与衍生借阅数据，既要高度重视原始借阅数据的个人信息属性，也要注重区分衍生借阅数据的加工处理程度，以衡量其可识别性，判断其是否属于读者个人信息。

有的读者借阅数据具备一定的可识别性，正如王泽鉴教授指出的那样，“盖由所借图书，可探知他人的思想、信仰、嗜好、研究工作等，而组构个人的人格图像”①。具备可识别性的借阅数据属于读者个人信息。关于读者个人信息的概念，学界已无争议，是指能够直接或者间接识别读者的各种信息。读者个人信息是一个广义的概念，既包括静态的读者身份数据，也包括动态的读者行为数据。其中，读者借阅数据是记录读者利用图书馆资源行为的信息，是重要的读者行为数据之一，是读者个人信息的下位概念。

读者借阅数据是个人信息中的“用户”行为信息。需要注意的是，读者的用户身份体现在两个维度。在线下环节，读者通过提供个人信息等方式注册成为高校或者公共图书馆的读者，成为使用图书馆资源与服务的用户。在信息网络技术时代，图书馆通常借助网络操作系统，为读者提供图书信息检索、借阅请求提交、借阅信息查询等服务。图书馆自行建设网络平台或者委托第三方提供图书馆平台服务，提供网络平台、软件设备、技术支持、数据分析等服务，以提高图书馆的借阅服务效率。在线上环节，读者在图书馆服务平台上填写个人信息，注册账户取得借阅权限，读者与运营图书馆服务平台的图书馆或者第三方签订网络服务协议，成为平台经营者的用户。

（二）各具特点：读者借阅数据的三维审视

既然具有可识别性的读者借阅数据属于个人信息，那么可根据个人信息的特点，将其进一步分类。个人信息常见的分类有三种：直接的与间接的个人信息、私密的与一般的个人信息、敏感的与一般的个人信息。具有可识别性的读者借阅数据也可以分为这三类。其中，直接个人信息是指仅凭借该数据便足以识别数据

① 王泽鉴：《人格权法：法释义学、比较法、案例研究》，北京大学出版社 2013 年版，第 178 页。

来源者的信息，间接个人信息是指需要结合其他数据方可识别数据来源者的信息。关于读者借阅数据属于何种类型，有的学者认为，读者借阅数据属于间接的个人信息，区别于作为直接个人信息的读者身份信息。[①] 有的观点认为，读者借阅数据既可能属于间接的个人信息，也可能属于直接的个人信息。[②] 本文认为后一种观点符合图书借阅服务的实际情形。典型的具有直接识别性的读者借阅数据是读者姓名，典型的具有间接识别性的读者借阅数据是读者的 IP 地址，需要结合其他数据方能识别特定读者的身份。读者借阅数据直接性与间接性的划分对读者的权利与图书馆的义务没有太大的法律意义，能够对权利义务关系产生实质影响的分类标准为后两种，这也是本文的研究重点。

读者借阅数据的私密性判断与我国《民法典》对个人信息的定性和保护模式有关。从我国《民法典》的体系来看，个人信息与隐私是两个不同的法律概念，适用不同的判断标准。个人信息的划分界限是可识别性，而隐私的衡量标准是私密性。作为个人信息的借阅数据与隐私存在交集，但并不完全重叠。根据借阅信息是否具有私密性，其可以分为私密借阅数据与非私密借阅数据。部分读者借阅数据的私密性体现在，该数据能够体现特定读者的民族身份、性别取向等内容。如果该借阅数据泄露，可能违背读者的隐私意愿，甚至可能破坏读者私人生活的安宁。另一部分读者借阅数据的非私密性主要体现在以下方面：一是借阅数据本身不具有私密性，仅客观中立地记录了读者的借阅情况，并不会透露读者的特定偏好，不会破坏读者私人生活的安宁；二是读者自愿向外展示其借阅偏好，吸引其他读者与其进行沟通、交流、研讨，碰撞思维的火花，提高阅读的效果，例如，读者主动公开的阅读偏好标签、联系方式、个人网站等借阅数据。

读者借阅数据是否具有私密性的判断与划分具有重要的理论意义和实践价值。私密借阅数据属于私密信息，将适用隐私权的规定，而非私密借阅数据将适用个人信息的一般规定。隐私权是一项绝对性权利，而个人信息仅是一种权益，

---

① 参见王肃之：《读者个人信息保护的层次化与规范化——基于〈中华人民共和国公共图书馆法〉与〈信息安全技术 个人信息安全规范〉分析》，载《图书馆工作与研究》2018 年第 6 期。

② 参见姜盼盼：《利益衡量视角下的读者个人信息保护探究——基于〈公共图书馆法〉第 43 条》，载《图书馆建设》2018 年第 12 期。

尚未上升到权利的高度，法律为隐私权提供强度更高的保护措施。私密借阅数据与非私密借阅数据在知情同意模式、是否可以合理使用、法律救济请求权基础等诸多方面存在巨大的差异，这将对图书馆使用读者借阅数据时的法律义务与法律责任产生实质性影响。

关于读者借阅数据的敏感性，“敏感个人信息”是个人信息的下位概念，是《个人信息保护法》提出的概念，使其区分于一般个人信息。此种划分的意义在于强调敏感个人信息对于保护数据来源者权益的重要意义，进而为该类数据的处理设置了严格的规则。在图书馆业务的场景下，分析读者借阅数据是否属于敏感个人信息具有重要的现实意义，这将直接决定图书馆处理读者借阅数据时应当遵守敏感个人信息处理的严格规定，还是仅适用一般个人信息处理的规则即可。

敏感个人信息是按照个人信息泄露或滥用的后果危害程度所做的划分，应当按照该分类标准对读者借阅数据进行分析。部分数据的泄露或者滥用可能会对读者的人格、人身、财产权益造成严重的损害，例如借阅过程中采集到的人脸识别信息、特定身份信息等，又如读者缴纳逾期罚款时的财务信息等。也有部分读者借阅数据的泄露或者滥用不会危害读者的人格、人身、财产安全，例如，借阅数据显示某读者喜欢借阅《盗墓笔记》。因此，并非所有的读者借阅数据均具有敏感性，应当根据借阅数据的具体情形展开详细分析。

（三）突破难点：私密性与敏感性的复杂边界

私密借阅数据与敏感借阅数据之间的关系是当前研究中的难点问题，两者的界限尚不明确。学者虽然尚未对读者借阅数据的私密性与敏感性问题进行专门讨论，但是已有学者对读者个人信息的私密性与敏感性问题展开了一定的研究。多数观点认为两者之间存在重叠关系，至于两者之间的具体关系，学者则持不同的观点。例如，有的学者认为，敏感读者个人信息与私密读者个人信息之间为包含与被包含的关系，即所有的私密读者个人信息均属于敏感读者个人信息。[①] 有的学者认为，鉴于“隐私”概念具有抽象性，难以界定与理解，为规避该问题，

---

① 参见郑晓圳、钟晓雯：《论读者个人信息处理中“同意”的类型化适用》，载《图书馆研究与工作》2023 年第 10 期。

应当放弃私密读者个人信息的概念，保留敏感读者个人信息的概念。① 有的观点虽然承认两者不完全重合的关系，但是认为两者本质一致，在读者个人信息划分方面，应当遵循高度一致的处理规则，无须保留私密读者个人信息的分类，只需保留敏感读者个人信息与一般读者个人信息的分类。②

本文认为，私密性与敏感性是分别从两个不同的视角对个人信息进行的评价与划分。隐私强调私密性，包括当事人的主观意愿与客观状态两个方面，信息的私密仅是其中一种类型，除此之外还包括空间的私密与行为的私密。敏感个人信息只评判信息的敏感性，而且其评判标准为信息泄露或滥用造成的客观损害后果。一方面，两者存在一定的交叉。例如，读者借阅数据可能体现其性别取向，读者不愿其性别取向被公开，如果该信息公开，该读者的私人生活安宁可能被破坏，该类借阅数据符合私密性的判断，属于私密个人信息。从敏感性的角度来看，该信息的泄露或滥用可能招致其他人员的歧视，严重影响该读者的人格尊严，这意味着该类借阅数据也符合敏感性的评价，属于敏感个人信息。另一方面，两者并不完全重合。部分读者借阅数据“私密但不敏感”，例如，有的读者借阅数据的泄露或滥用并不会严重影响读者的权益，但是读者个人主观不愿意公开。一种典型情况是，某读者喜欢借阅某作家的小说，但其不愿意公开该借阅数据。部分读者借阅数据“敏感但不私密”，例如，在读者刷脸借阅图书的过程中，图书馆采集到读者的生物识别信息，该借阅数据属于读者的敏感个人信息，但是不属于读者的私密个人信息。本文认为，应当清楚地辨析私密借阅数据与敏感借阅数据之间的联系与区别，以便明确地划分两者各自的范畴，以免产生法律规则冲突或者法律调整空白的区域。

① 参见姜盼盼：《利益衡量视角下的读者个人信息保护探究——基于〈公共图书馆法〉第43条》，载《图书馆建设》2018年第12期。

② 参见张奇云、李超：《智慧图书馆读者个人信息保护研究——基于〈个人信息保护法〉视角》，载《图书馆工作与研究》2023年第8期。

四、读者借阅数据分类体系的构建

（一）体系搭建：法律视角下的读者借阅数据分类

读者借阅数据的内容庞杂，具有不同的法律性质与法律特点，分属不同的数据类型，法律给予不同程度的保护。鉴于读者借阅数据具有不同的法律性质与法律特征，本文试图在分类分级保护理念的基础上，根据各类数据的识别性、私密性与敏感性特点，合理划分读者借阅数据的各种类型，分别分析图书馆使用各类读者借阅数据的合法性基础，形成一个衔接紧密、保护全面、利用充分的读者借阅数据合法使用体系。

第一类为不可识别的读者借阅数据。此类数据因不具有可识别读者的特性而不属于读者个人信息，进而也不具有私密性或者敏感性的法律特征。此种数据的独立成类是非个人数据与个人数据的界分，是财产权利与人格权益的分野，更是数据财产权与个人信息权益的区分。

第二类为可识别的、私密的读者借阅数据。在将非可识别的借阅数据单独划出后，在属于个人信息的借阅数据内部，又可根据借阅数据的私密性，将借阅数据划分为私密的借阅数据与非私密的借阅数据。前者将落入隐私权范畴，后者适用个人信息的相关规定。当前，在我国《民法典》中，立法将隐私权作为一项独立的权利，而仅将个人信息作为一项权益。因此，这种划分方式是隐私权与个人信息权益的界分。无论是积极方面的具体内容还是消极方面的救济措施，民法为权利与权益设置了不同程度的规则。具言之，民法对隐私权的保护强于个人信息，相应地，民法对私密个人信息的保护程度强于一般个人信息。此种划分方法将私密借阅数据从个人信息制度中单独列出，着重考虑使用私密借阅信息的合法性基础。

第三类为可识别的、非私密的敏感的读者借阅数据。在将个人信息内部的私密借阅数据单独列出后，对于非私密的借阅数据，可以根据其是否具有敏感性的特点，将其进一步划分为非私密的敏感借阅数据与非私密的一般借阅数据。正如前文所述，私密借阅数据与敏感借阅数据存在一定的交叉，并不完全重合。同时具有私密性与敏感性的借阅数据应当适用隐私权的加强保护，不具有私密性而仅具有敏感性的读者借阅数据依旧适用个人信息的一般保护。关于后者，例如，图书馆使用刷脸借阅数据时，图书馆使用了读者的生物识别信息。敏感读者借阅数据蕴含着巨大的信息量，具有极大的使用价值，是图书推荐等个性化定制服务的基础，法律需要在个人人格权益的保护与数据使用价值的释放之间寻找合适的平衡点。

第四类为可识别的、一般的读者借阅数据。在属于个人信息的借阅数据内部，除具有私密性、具有敏感性的数据外，其余的数据为不具有特殊性的一般借阅数据。

（二）基本原则：各类读者借阅数据的同意机制

在全球各个法域，为保护数据来源者的人格权益，同意原则均是个人信息使用的基本机制。根据个人信息的不同特点，同意机制可以详细划分为明确同意与概括同意两种方式。关于图书馆使用读者借阅数据时的同意方式，需要对照前述读者借阅数据分类层次，逐一探讨其同意模式。

关于图书馆使用不可识别的读者借阅数据的合法性基础，有的学者已经意识到衍生读者借阅数据是独立于读者的法律客体，该类数据的权利应当归属于实现其价值增值的图书馆，使用衍生读者借阅数据是图书馆应当享有的具体权能，无须经过读者的同意。[①] 本文将该类观点称为数据权能说，即图书馆对该类读者借阅数据享有数据财产权，其中包括使用权能，因而有权使用该类读者借阅数据。但是，该观点未能正确认识读者借阅数据的正确权利归属问题。高校或者公共图书馆是执行教育文化公共事务或者提供教育文化公共服务的公共机构，其利用公共资金收集、处理读者借阅数据，形成不具有识别性的读者借阅数据，并将该类数据再次用于提供文化教育等公共服务，该类读者借阅数据符合公共数据的定义，其财产权属应当归属于全民。国家代表全民行使公共数据财产权的具体权

---

① 参见时诚：《数字时代读者个人信息、借阅信息与隐私信息的关系——以〈公共图书馆法〉第43条为研究对象》，载《图书馆建设》2021年第6期。

能，高校或者公共图书馆作为履行教育文化职能的公共机构，其基于国家的明示或者默示授权而取得对该类读者借阅数据的使用权。本文将这种合法性基础称为国家授权说。该类读者借阅数据不涉及读者人格权益，所以图书馆使用该类数据无须获得读者同意，本文首先将该类读者借阅数据排除出同意制度的适用范围。

图书馆使用可识别的、私密的读者借阅数据时，需要获得读者的明确同意。私密读者借阅数据属于私密个人信息，其应当适用隐私权的相关规定。《民法典》第1033条规定，隐私的使用应当征得当事人的明确同意。根据该规定，图书馆使用读者私密借阅数据时应当取得读者的明示同意。当图书馆使用读者借阅数据时，如果该数据可能彰显读者的私密信息，图书馆在用户服务协议中取得的读者概括同意，不足以为其使用私密读者借阅数据的行为提供充分的合法性基础。图书馆使用私密读者借阅数据之前，应当以醒目的方式，就其使用该类数据的行为单独取得读者明确的同意。图书馆告知读者该类数据的使用可能存在侵害读者隐私的风险，读者在理性的基础上，自主考虑接受图书服务与私密信息泄露滥用风险之间的平衡，明确表示是否授权图书馆使用其私密读者借阅数据。此种明确同意方式意味着图书馆应当使用择入模式取得读者的授权。

图书馆使用可识别的、非私密的敏感的读者借阅数据时，需要获得读者的明确同意。敏感个人信息对数据来源者具有重大影响，一旦泄露或者滥用，容易造成严重的损害后果。基于充分保护数据来源者合法权益的考虑，《个人信息保护法》针对敏感个人信息制定了特殊的使用规则。① 该特殊规则适用于具有敏感性的读者借阅数据，具体包括特定目的、充分必要与单独同意，图书馆应当同时满足这三项要求方可使用敏感读者借阅数据。图书馆负有证明其符合三项要件的举证责任。在图书服务的场景下，特定目的是指图书馆使用该借阅数据是为向读者提供非营利性的图书服务，充分必要是指敏感借阅数据是提供图书公共服务所必需的基础，单独同意是指图书馆应当就使用敏感读者借阅数据的事宜取得读者的单独明确授权，这是一种明示同意方式，应当采用择入模式。

图书馆使用可识别的、一般的读者借阅数据时，需要获得读者的概括同意。相较于其他类型的读者借阅数据，该类借阅数据承载的读者人格权益密度较低，

① 参见《个人信息保护法》第二章第二节“敏感个人信息的处理规则”。

法律对该类数据的保护程度相对较弱。而且，该类借阅数据也具有一定的使用价值，在保护读者人格权益与发挥数据使用价值的天平上，法律应当更加倾向充分释放借阅数据的使用价值。对于该类数据的使用，图书馆只需取得读者的概括同意即可。本文认为，在未来的图书馆立法中，法律可以明确图书馆可以采用默示同意方式，即择出机制，获得读者关于该类借阅数据的授权，以提高此类借阅数据的使用效率。

（三）领域特色：各类读者借阅数据的合理使用

个人信息使用同意原则是保护理性法律主体人格权益与自主决策权的机制，但是凡权利皆应受限制。[①] 在理论研究领域，有学者提出，同意不应当成为个人信息使用的唯一合法性基础，应当在保护人格尊严的基础上，协调平衡个人信息控制者的使用利益与公共利益，建立多元化的合法性基础。[②] 在实践领域，为实现公共利益或者促进数据使用效率，作为一般法的《民法典》与作为特别法的《个人信息保护法》均规定了若干无须数据来源者同意便可使用个人信息的法定事由，被称为合理使用制度。部分读者借阅数据具有可识别性，属于个人信息，也应当适用法律的前述基本原则与例外规定，存在适用合理使用制度的合法空间。

图书馆作为辅助教学科研、促进文化传播的公共机构，合理使用制度在图书馆服务领域的适用具有坚实的法律基础与丰富的实践经验。纸质图书的共享使用，例如，以教学或者科研为目的适量复印、扫描、传递等行为，在图书馆领域的典型服务为原文传递，是合理使用制度的重要情形，为图书馆消除了侵犯著作权的法律隐患。该行为本质上是纸本数据的合理使用，现阶段演化到读者借阅数据这种电子数据的合理使用，为图书馆消除了侵犯个人信息权益的法律隐患。现行法律承认的个人信息合理使用事由包括为维护公共利益、履行法定职责义务所必需、为实现该自然人的合法权益、自然人自行公开等事由。[③] 在读者借阅数据

---

① 参见王泽鉴：《民法总则》，北京大学出版社2009年版，第436页。

② 参见高富平：《个人信息使用的合法性基础——数据上利益分析视角》，载《比较法研究》2019年第2期。

③ 参见《民法典》第999条与第1036条的规定、《个人信息保护法》第13条的规定。

利用情境下，合理使用可能体现在为实现下列目标而使用数据，例如，制定文化教育政策、图书相关的学术研究、图书相关的授课或讲座、制定阅读推广方案、制定图书馆工作规划、起草图书资源采购计划、编写图书资源利用报告等。

各类读者借阅数据具有不同的性质，法律的保护力度不同，并非所有的读者借阅数据均可以适用合理使用制度。本部分将对照各类读者借阅数据逐一进行分析。首先需要特别注意的是，当使用不可识别的读者借阅数据时，图书馆基于国家授权取得对该类借阅数据的使用权，图书馆无须基于合理使用制度使用该类借阅数据。

图书馆使用可识别的、私密的读者借阅数据时，不得合理使用。根据《民法典》第1033条的规定，除权利人同意外，“法律另有规定”也是他人合法使用隐私的基础，这似乎为隐私的合理使用预留了空间。考察《民法典》第999条关于人格权益合理使用制度的条款发现，立法并未将隐私作为合理使用的客体。① 合理使用作为一般规则的法定例外事由，应当在法律有明确规定的情况下方可适用。因此，隐私权领域不存在合理使用制度的适用空间。相应地，私密信息的保护不适用个人信息的一般保护规则，而应当适用隐私权的加强保护规定，因此私密信息不适用合理使用制度。本文认为，应当从体系解释的角度，对《民法典》第999条“个人信息”一词进行限缩解释，该条规定的个人信息合理使用制度不包括私密个人信息。所以，当图书馆使用私密读者借阅数据提供服务时，不得以合理使用作为行为的合法性基础，只能取得读者的明确同意。

图书馆使用可识别的、非私密的敏感的读者借阅数据时，可以合理使用。相较于一般的读者借阅数据，该类数据具有敏感性的特点，但因该类数据不具备私密性，不适用隐私权的规定，而适用个人信息的规定。《民法典》第999条规定，为实现公共利益，可以合理使用个人信息，根据文义解释，这当然包括非私密的敏感个人信息。因此，图书馆可以基于合理使用制度使用读者的具有可识别性的、非私密的敏感借阅数据。作为特殊规则的合理使用制度的适用将排除作为一般规则的同意制度的适用，图书馆无须取得读者的同意。

---

① 参见童云峰：《证立与提倡：读者个人信息的民法分类分级保护》，载《现代情报》2021年第12期。

图书馆使用可识别的、非私密的一般的读者借阅数据时，可以合理使用。根据《民法典》第999条关于个人信息合理使用的规定，根据文义解释，这当然包括一般个人信息的合理使用。可识别的、一般的借阅数据作为一种一般个人信息，图书馆有权基于该制度使用该类数据。合理使用制度特殊规则的适用排除作为一般规则的同意制度的适用，图书馆在使用该类借阅数据时，无须取得读者的概括同意。

五、结论

当前，大数据已经“从辅助变为引领，从热点变为支点”，大数据已然成为所有新旧技术与模式的必备基础。“数据”之于信息时代的意义恰似“石油”之于工业时代的作用。在图书馆服务领域，读者借阅数据是驱动图书馆服务事业转型升级、勇立数字信息时代潮头的动力。本文的研究重点从传统的注重读者个人信息的保护转向关注图书馆对读者借阅数据的合法合理使用，平衡图书服务享受者与服务提供者之间的权利义务关系。本文根据读者借阅数据的可识别性、私密性与敏感性特征，探讨其是否属于读者个人信息，并提出建立外延周全、层次清晰、衔接严密的读者借阅数据分类体系，明确图书馆使用各类读者借阅数据的合法性基础，有助于充分释放读者借阅数据在图书馆服务创新中的驱动作用，推动图书馆服务事业朝着信息化、智能化、个性化的方向发展。

霍菲尔德理论视角下的财产权制度构建*

吴悠然**

摘要：“对物权”并不一定与有体物相关，其核心在于支配性，涉及人与人之间的权利、义务关系。“财产权”是“对物权”的下位概念，实质是由法律关系构成的“权利束”。“权利束”理论的内涵虽未在霍菲尔德理论中完整呈现，但为财产权、产权的界定提供了启示。财产权是指权利主体能够通过控制、支配特定财产获取经济利益的、排他性权利，完整的财产权理应包含归属、流转、衡平三维内容。产权的核心在于交易、交易成本，其实际指向的同样是对特定资源的独占性排他权。在法学视角下，财产权和产权应当被视为同义语。欲在特定客体之上形成财产权或产权，须具备稀缺性、支配性、经济性。

关键词：霍菲尔德　对物权　对人权　财产权　产权

1917年，霍菲尔德利用其独创的概念分析法学方法对“对物权”（right in rem）概念进行了深入剖析，从而衍生出“权利束”理论。这一理论对于英美法上的“财产权”概念和制度经济学上的“产权”概念都产生了影响。本文尝试以霍菲尔德的理论为起点，结合英美法财产权理论和制度经济学产权理论的分析思路，归纳财产权制度的基本构建思路，以期对财产权制度的未来研究有所贡献。

---

* 本文系国家社会科学基金青年项目“数据要素市场化配置中场内注册与交易制度研究”（项目编号23CFX030）的阶段性研究成果。

** 对外经济贸易大学法学院博士后、助理研究员。

一、霍菲尔德的“对物权”理论

（一）霍菲尔德“对物权”内涵解析

霍菲尔德首先指出，在当时，“对人”（in personam）和“对物”（in rem）两个具有对立含义的术语在司法裁判中主要有三种用途：一是对基本民事权利进行分类，即分为“对人权”和“对物权”；二是对民事诉讼程序进行分类，即分为“对人诉讼”和“对物诉讼”；三是对判决、法令（包括执行阶段的裁定）的分类，即分为“对人判决”或“对物判决”。霍菲尔德所讨论的是第一种用途，其进一步指出，在认知“对人权”和“对物权”的具体含义时，当时存在一种大家习以为常的错误，即“对人权”指的是人和人之间的关系，而“对物权”则是指人和物之间的关系。[①] 霍菲尔德明确表示其反对这个通常的认知，其主张无形的法律关系必然仅存在于人和人之间，而不可能存在于人和物之间，故所谓的“对物权”实质上也是在人和物之间形成的一种法律关系。

霍菲尔德认为，“对人权”和“对物权”两个术语是含糊不清、不够精准的，建议用“特定的权利”和“广泛的权利”术语作为替代。其中，特定的权利是指一个法律主体针对另一个法律主体所享有的，或者针对一小群法律主体中的每一个法律主体所享有的本质上相同但又相互独立的法律权利。而广泛的权利是指一个法律主体针对数量众多且范围不确定的法律主体中的每一个法律主体所享有的本质上相同但又相互独立的法律权利。尽管霍菲尔德自创的术语并没有得到广泛采纳，但其对于“对人权”和“对物权”的理解得到了广泛的认可，即“对物权”实际上指的是“对世权”。

霍菲尔德对于“对物权”的含义的剖析过程如下。

首先，“对物权”不是一项“对抗某物”的权利。一个人确实可以与某一事物保持密切和有益的物理关系，例如在物理上控制和使用这一事物，也可以在物

① 参见林孝文、金若山：《从法律概念中探寻法律关系——霍菲尔德法律关系理论研究》，载《湘潭大学学报（哲学社会科学版）》2013年第4期。

理上排除他人的任何控制或使用。但是，这种纯粹的物质关系与具有组织性、社会性特征的法律关系不同。法律的目的是规范人的行为，所有的法律关系都必须以人与人之间存在联系为前提。因此，无论是“对物权”还是“对人权”实际上都是用来“对抗某人”的，其区别只是在于可对抗的人的数量和范围。“对人权”只能用于对抗少数的、特定的人，而“对物权”可用于对抗大量的、不特定的人。霍菲尔德引用了1832年约翰·奥斯汀教授在讲座中的观点：“‘in rem’这个短语指的是权利的范围，而不是权利的对象。它指的是所讨论的权利普遍地对人适用，而不是所讨论的权利是针对某件事物的权利……而‘in personam’是短语‘针对特定的人’的缩写，表明该项权利仅针对特定的某个人或某群人有效。”此外，霍菲尔德还引用了1891年威廉·马克比法官的论述：生命和人身安全不受侵害的权利“可对抗任何其他人，而非仅适用于某一个或一类特定的人。前者被称为对物权，后者被称为对人权；前一类权利独立于合同而存在；后一类权利经常出现在合同之外”。

其次，“对物权”并不总是与某一个有体物有关。“对物权”并不是一项必须涉及或与某个有体物相关联的权利。霍菲尔德认为，“对物权”这一术语的定义非常笼统，可以包括以下类型：（1）与一个确定的有体物有关的“对物权”，例如，土地所有权人要求其他人不得进入其土地，或动产所有者有权要求其他人不得损坏其所拥有的物品；（2）既不与特定的有体物相关，又不与特定的人相关的“对物权”，例如专利权；（3）与权利人自身相关的“对物权”，例如生命健康不受侵犯的权利；（4）特定人所享有的或与特定人相关的“对物权”。由此可见，“对物权”是多种多样的，有的与有体物或特定的人相关，有的既不与特定的有体物相关，又不与特定的人相关。此外，霍菲尔德还引用1900年富勒法官的观点认为：“对物权意味着绝对的支配权，即独立于与他人的任何特定关系的所有权。对物权存在的基础是由他人承担的义务。”

再次，与“对物权”相对应的是每一个法律主体应单独承担的独立义务，而不是由一个数量庞大且不确定的群体共同承担的义务。“对物权”的权利人对许多不同的义务主体享有本质上相似的但又相互独立的权利，而许多不同的义务主体对权利人负有本质上相似的但又相互独立的义务。霍菲尔德认为，某个“对物权”所指的是这些权利中的一项，而不是这些权利的整体。换言之，“对物权”应当是由一个法律主体所享有的大量本质上相似的权利中的一项，与之相对应的是某一个义务主体应承担相应义务。

复次，不应当将“对物权”与权利人对同一对象所享有的其他特权混淆。霍菲尔德以普通法中的“继承者有绝对处理权的不动产所有权（free simple）”为例。假设甲对某块土地享有“free simple”的权利，按照霍菲尔德的法律术语体系，甲对作为有体物的土地所享有的“法律权益”或“财产”是一种包含多种权利（rights）、特权（privileges）、权力（powers）和豁免（immunities）的复杂集合，具体包括：（1）多重权利或主张，即其他人不得进入土地、不得对土地造成实际侵害等，这些人分别承担着相应的义务；（2）无限数量的特权，即在法律基于社会和经济因素考虑规定的限度内，权利人可以在土地上或对土地做任何事，例如进入土地、使用土地甚至糟蹋土地，而其他人无权要求权利人不这样做；（3）多重权力，即创设或改变他人对于其土地的法律利益，例如将其土地权益转让给他人、给予他人进入土地的许可等，其他人可能因此而负有相应法律义务；（4）无限数量的豁免，即其他人对于土地的处分行为对其不发生法律效力，例如，其他人无法将权利人所拥有的土地权益转让给别人。霍菲尔德引用哈伦·菲斯克·斯通教授的观点：“对物权和对人权之间的根本区别在于，对物权的权利人不需要其他人的参与或协助即可享有对物权，而对人权只有通过强制义务人履行相应义务才能得以实现。”

最后，应当谨慎地将“对物权”和由于“对物权”受到侵害而产生的救济权区别开来。“对物权”是主要权利，而当“对物权”受到侵害时产生的用以维护该权利的救济权是次要权利，两者在性质上是不同的。

（二）“对物权”概念的进一步思考

由上述内容可知，法律对于特定主体能够基于特定目的而使用稀缺资源设置了两种不同的权利架构，即“对人权”和“对物权”。对人权强调的是决定使用权的治理战略，而对物权反映的是决定使用权的排除战略。由于“对物权”的指向对象是不确定的、广泛的主体，因此相关规则必须以可接受的成本向外明确地传达所受保护的权利范围。换言之，与物权相关的实质性法律规范大多会处于一种可以被公开看到的状态，形式主义特征非常明显。[①] 实践中，有观点对霍菲尔德的“对物权”观点提出质疑，认为该理论割裂了“对物权”和“物”之间的联系，将导致不同的法律权利被“同质化”。因为“对物权”和“对人权”的区别仅体现在针对的人的数量和确定性的不同。实际上，“对人权”仅适用于特定的人，往往是因为这些人事前与权利人之间进行了个人交往。不仅义务人的识别需要考察导致该权利产生的关键事实，即义务人与权利人之间的互动关系，该权利的具体内容也要通过考察两者互动的具体情况才能确定。一般而言，以这种方式产生的权利和义务具有特殊性，即不同的义务人与权利人之间的交往所形成的“对人权”有不同的内容。与之不同的是，“对物权”授予不需要考虑除权利人外任何特别的人，而是以识别出特定的“物”作为其认识焦点。而与“对世权”相对应的义务的产生并不是基于义务人和权利人之间的交往，而是义务人的行为和特定物之间的关联关系。如果义务人的行为以该物为对象或将影响到该物的状态，则其应承担相应的义务，该等义务的内容由权利人对“物”享有的权利而决定。因此，“对物权”强加给每个义务人的义务本质上是相同的，旨在保护权利人享有的与该物有关的利益，被称为普适的“对物义务”。须注意，个人义务人可能通过从权利人处获得许可，改变其与权利人之间的“权利—义务”关系具体内容。

由此可见，“对物权”不一定与有体物有关。然而，所有“对物权”确实与某些可以确定的“事物”有关，而这些“事物”与“对物权”旨在保护的法益紧密相连。只要将前述“事物”概念定义的足够宽泛，使其既包括有形的动产、不动产，又包括无形的名誉、著作权等，“对物权”总是与某一事物相关的说法就是准确和有用的。因此，将上文中的“物”替换为内涵更为抽象的“客体”或“财产”似乎更加合适。概言之，从权利端看，对人权的授予仅关注权利人和客体之间的关系；而从义务端看，义务的施加仅基于义务人与该客体有关的行为。因此，从义务承担人的角度，只要识别出可能受其行为影响的客体，就需要考虑其行为是否受相应义务约束，即“这会把我带入他人的财产边界之内吗”？此时，足够谨慎的义务人唯一需要做的事情就是预期其行为是否会侵犯这些权利

---

① See Thomas W. Merrill & Henry E. Smith. “ The Property/Contract Interface,” *Columbia Law Review* 101, No. 38(2001): 791-803.

客体，权利人的实际身份信息实际上无关紧要。例如，当甲看到路边有一座房屋时，只要其确认这间房屋并不属于自己，其并不需要知道房屋的主人到底是谁，就应当知道擅自进入房屋可能会侵犯房屋主人的权利。只有当甲想要进入这间房屋时，才需要找出房子的主人并获得该人的许可。

二、霍菲尔德理论与英美法中的“财产权”

（一）霍菲尔德对“财产权”的理解

财产一词在英美法中有两种含义，既可以代表财产权利，又可以代表财产权利所指向的对象。实际上，英美学者经常不区分“财产”（property）和“财产权”（property rights），而将二者交替使用。霍菲尔德便是在“财产权”的意义上使用“property”这一术语的。

严格来说，霍菲尔德并没有单独对“财产权”进行定义，而是在对普通法中的“free simple”概念（其含义大致与大陆法系国家中的“不动产所有权”概念相当）进行解构时提到了他对“财产”的理解。霍菲尔德认为，持有 free simple 的权利人（相当于大陆法系中的“不动产所有权人”）对不动产所享有的“财产权”是一种包含多种权利、特权、权力和豁免的复杂集合。后人将这一观点称为财产权的“权利集”或“权利束”（bundle of rights）理论。但本文认为，这一定义描述的实际是“所有权”而非“财产权”。但是，这一差异并不显著，因为霍菲尔德似乎认为所有权是财产权的一种圆满形态。有学者从霍菲尔德理论中推导出其认为的所有权的内涵——特定主体针对特定有体物所享有的多种法律利益的总和，并明确表示其认为的这种所有权状态太过纯粹，因此在现实世界中是不可能存在的，大量的限制性私法规范将对权利主体产生约束力，影响该主体法律利益如权利、特权等的实现。①

在文章中，霍菲尔德也并没有明确的阐明“财产权”和“对物权”之间的

① 参见王涌：《寻找法律概念的“最小公分母”——霍菲尔德法律概念分析思想研究》，载《比较法研究》1998 年第 2 期。

关系，但他引用了哈伦·菲斯克·斯通教授的一段话，其中提到：“对物权”一般包括通常被称为“财产权”的所有权利，也就是说，占有、使用事物和获得收益的权利，这些权利对全世界都可以强制执行。由此可以推断，霍菲尔德认为“财产权”属于“对物权”的范畴内，但“对物权”还包括其他显然不被包括在财产权内的权利类型，例如人身自由权。综上所述，从概念的包含关系来说，按照霍菲尔德的观点，“对物权”包含“财产权”，而“财产权”包含“所有权”。故此，后文将在采纳这一观点的基础上使用有关术语。

（二）霍菲尔德对“财产权”概念的影响

霍菲尔德理论对于英美法系的“财产权”理论的突出贡献表现为两点：一是正确地指出了“财产权”是人与人之间的关系。如后来的学者所说，应当将财产看作人与人之间的关系，而不是人与物的关系，否则是毫无意义的；[①] 二是使财产权理论突破了“有体物”的束缚，具备更大的延展性。

霍菲尔德被认为是“权利束”理论的创始人。“权利束”是一种隐喻，是为了提醒人们由所有权制度引起了各种法律关系，而这些法律关系在某些情况下需要加以梳理和明确识别。换言之，“权利束”理论认为所有权（或者说产权）实质上是一组法律关系的集合，或者用更形象的说法，是“一张法律关系清单”。由此，财产权不再用于表述任何物质存在，而是用以描述由一组组法律关系构成的“权利束”。[②]

赞同霍菲尔德的概念分析法的学者认为，霍菲尔德的理论具有理性主义或工具主义的价值。用类似于数学中寻找最小公分母的方法，霍菲尔德将复杂的法律概念解构为四组相对应的法律关系：权利和义务、特权和无权利、权力和责任、豁免和无权力。由此，某一法律概念的具体含义可以基于政策考量被重新定义。

例如，一旦“财产”被证明是权利、特权、权力和豁免的特定组合，它就不再是一种自然权利的东西，立法者可以依照法律制度的目标按不同条件对其内

① See Peter Drahos, *A Philosophy of Intellectual Property*, (Singapore & Sydney: Durtmouth Publishing Company Limited, 1996), p. 4.

② See Arthur L., “Corbin Taxation of Seats on the Stock Exchange ,” *Yale Law Journal* 28, No. 31(1922): 429.

容进行拆分和重新组合。因此，霍菲尔德的概念分析法最大的作用不是帮助法官判案，而是为系统的、科学的、为公共福利提供坚实根基的法律改革扫清了障碍。换言之，霍菲尔德理论使得“财产权”和“财产”的概念具有足够的弹性，可以随着社会的发展变革而变换。在封建和农业时代，社会生产资料和财富一般是有形的，财产便主要是指有体物，例如土地；在资本主义兴起后，为加快资本积累，财产的范畴不断扩大，股票、债权等被纳入其中；随着科技时代的来临，知识产权立法使得人的智慧成果亦受到法律保护。[①] 由此可见，所谓“自然状态”意义上的财产是不存在的，究其本质，财产和财产权是法律拟制的概念。

（三）“财产权”内容体系的延展

如上所述，霍菲尔德提出的“权利束”理论并未直接明确何为财产权，以及财产权具体由哪些内容构成，由此难免会引发对该理论的探讨或者质疑。例如，有学者在研究中进一步探讨了该权利体系的内容，其中最具代表性的为休谟，其认为财产权体系应当包括占有权、使用权、经营权、收益权、安全权、资本权等十余项内容。[②] 还有学者对该理论质疑认为，该理论会削弱所有权的实际含义，其允许所有权被分割并被逐一消灭；[③] 该理论缺乏可靠性，按照此逻辑难以为财产权的司法适用、推理提供有效解释。

本文认为，通过列举方式界定财产权的概念难免挂一漏万。“权利束”理论虽然存在内涵模糊的不足，但是为财产权概念的明确提供了良好的启示作用，将概念界定的重点转向人与人之间的法律关系。就其本质而言，财产权应当被界定为一种具有排他性的权利，是权利主体能够通过控制、支配特定财产获取经济利益的权利。在此，需要注意的是，财产权的排他性并不一定具有绝对性。例如，承认企业数据财产的身份，并对其加以保护所形成的企业数据财产权的排他性有

---

① 参见林旭霞：《财产、财产观的历史考察与现实分析》，载《福建论坛（人文社会科学版）》2006 年第 9 期。

② See J. E. Penner, “The Bundle of Rights Picture of Property,” *UCLA Law Review* 50, No. 43 (1996): 755-767.

③ See Glen Anderson, “Towards an Essentialist Legal Definition of Property,” *DePaul Law Review* 70, No. 68(2019): 501.

限，因为其不具有有形载体且可以复制，难以避免同时存在多个权利主体，但是这并不影响该权利的存在，法律可以将其视为一种新型财产权，将其排他性限定于排除他人干涉的控制以及未经其同意的复制情形之下，并从积极和消极两个方面开展具体权能的构建。完整的财产权内涵理应包含三大要素，即静态归属、动态流转和利益衡平。具体而言，静态归属指的是财产权须明确具体的归属主体，这实际上是对特定主体所享有的利益的确认。动态流转则关注财产权交易的规则和边界，这是实现财产价值的重要手段。利益衡平侧重于规制财产权的归属主体获取财产利益的行为，防止其毫无限制地索取未来收益。三大要素缺一不可，它们相互连接，互为支撑，共同构成完整的财产权内涵体系。通过科学、合理的法律规则，确定财产权主体的权利、义务，限定权利主体即权利人行使权利的范围和方式，并在特定情形下为权利主体提供救济，是财产权的功效得以充分发挥的重要依托。

财产权制度构建面临两个基本任务：一是确定权利人所拥有的“对世权”和相对应的“对世义务”的具体内容；二是向世人界定和传达这些“对世义务”，使得除权利人外的其他人能以一种易于识别、认知的方式对自己是否可能侵害他人的“对世权”形成合理认知。因此，财产权必须以可以被识别的客体（财产）作为世人的认知焦点。权利人对客体享有直接利益，或该客体与权利人所享有的受保护的利益绑定。接下来，需要明确的是当义务人的行为与该权利客体产生关联时，其应遵守的行为规则，即权利或义务的内容。一般而言，义务人应遵守的行为规则包括三类：（1）禁止针对这一客体进行特定的行为，例如进入某片土地、传播某个版权作品；（2）禁止不是针对这一客体进行，但会对这一客体所具有的特定性质产生某种间接后果的不特定行为，例如可能造成财产损害的行为；（3）采用以上两种方式的结合，既禁止特定的直接作用于这一客体的行为，又禁止可能对该客体造成间接影响的行为，例如禁止使用容易导致混淆的近似商标。

三、霍菲尔德理论与制度经济学中的“产权”

（一）霍菲尔德理论对产权界定的影响力

从上文霍菲尔德的理论内容着手，能够逐步推导出相关理论对于制度经济学中“产权”概念的形成所作的贡献。在一定程度上可以说，霍菲尔德理论扮演了奠基石的角色，后续制度经济学领域的学者的研究均建立在霍菲尔德对交易的认知之上。例如，霍菲尔德的学生、旧制度经济学的代表人物约翰·罗格斯继承了霍菲尔德的观点，将“交易”视为商品经济活动的最小单位，并对新古典经济学下“交易”的含义进行了重新界定。新古典经济学将交易描述为货币、商品或服务的“交换”（exchange）是不准确的，因为交易实际并不是物质商品或实质服务的交换，而是财产权利的让与，因此使用“交易”（transaction）更为合适。[①] 换句话说，交易本质上是人与人之间财产权利的让与和取得的关系。但是，约翰·罗格斯没有对产权理论进行单独阐述，而是站在由于资源稀缺性所引发的冲突上，认为产权是“使用和处理一项东西的绝对权力”，其重点在法律上的控制力。

在此基础上，学者罗纳德·哈里·科斯进一步创造了“交易成本”理论，其认为实现社会整体财富的最大化的核心亦在于“交易”。罗纳德·哈里·科斯认为，当交易费用为零的情况下，为了解决负外部性问题，当事人会通过谈判以订立契约的方式进行交易，从而找到使各自利益损失最小化的安排。[②] 用经济学的语言表述为，当资源的利用产生冲突时，每个个体对其所控制的资源的潜在收益和利用资源所需付出的成本作出评价后，通过交易实现每个个体的最优选择，从而实现社会整体效益的最大化。用“权利束”理论的语言来表述，就是当不同法律主体在实现各自享有的“权利束”时产生冲突，由当事人通过协商决定

① See John Rogers, “Common Institutional Economics,” *American Economic Review* 40, No. 26 (1936): 240-241.

② See Ronald Harry Coase , “The Problem of Social Cost ” *The Journal of Law & Economics* 20, No. 3(1960): 2-8.

哪一束权利优先、哪一束权利退让，并以交易的方式进行权利的交换、让与或服从。在不存在交易费用的情况下，产权的初始配置（法律制度）无关紧要，因为无论产权配置的初始状态如何，作为“理性经济人”的不同权利人会通过交易寻求各自利益的局部均衡状态。尽管罗纳德·哈里·科斯本人并没有对“产权”概念作出明确界定，但其理论恰如其分地展示了产权初始配置的重要性。一方面，对产权进行合理、科学的界定是正常市场交易得以展开的前提；另一方面，该项概念界定将直接影响资源配置的效果。

不可否认的是，罗纳德·哈里·科斯对于此项概念的界定尚存不足之处。例如，其并没有对产权被界定的具体情形加以说明，亦没有提出界定产权之时应当遵循的原则，同样没有明确产权概念界定所需要达到的程度等。继罗纳德·哈里·科斯之后，制度经济学的学者进一步推进了对产权概念界定的相关研究。例如，1967 年，美国经济学家哈罗德·德姆塞茨在其发表的文章中阐述了其对“产权”的含义和功能的理解。哈罗德·德姆塞茨认为，产权是一项“可使自己或他人受益或受损”的权利；产权的作用在于界定社会交往和交易关系中受益和损失的承担规则，用以帮助交易主体形成对交往或交易行为后果的合理预期，并通过补充机制引导和规制交易主体的行为。[①] 由此可见，哈罗德·德姆塞茨同样把产权理解为人和人之间的社会关系，或者更准确地说，是管理人与人之间社会关系的工具。哈罗德·德姆塞茨在描述产权时采用了“权利束”的术语，表明其亦将产权视为一种包括多方面权利的集合，其权利内容不仅包括对财产的占有和使用，还包括人们互相之间的行为权利。由此可见，霍菲尔德理论对于哈罗德·德姆塞茨产权理论的影响颇深。

（二）法学视角下“财产权”与“产权”之思

通过上文对财产权和产权的概念分析，本文认为，若在法学语境对两者进行解读，应当认为两者是一致的，可以视为同义词。因为产权作为一项权利最终指向的客体是物，这是人们控制、利用稀缺资源而延伸出的权利，但是该权利的表

---

① See Harold Demsetz , “Toward a Theory of Property Rights,” *The American Economic Review* 20, No. 57(1967): 347-355.

现并不限于“对物权”，同时包含了“对人权”。若以对物权或者所有权来定性产权，难以覆盖其应有的全部权能。如上文所述，财产权实际上既包含了“对物权”的内涵，又包含了“对人权”的内涵，与产权有异曲同工之妙，故认为两者具有一致性更为合理。在此基础上构建财产权，必然要求客体满足相关特性，通常而言应当包含稀缺性、可支配性和价值性。

稀缺性通常指的是特定的资源是有限的，不能满足人们无限的需求。要求财产权的客体具有稀缺性应当从两个方面进行理解：一是该客体具有天然的稀缺性，即其在客观上是有限的，并非取之不尽、用之不竭的。若该客体是无限存续的，自然无须通过法律手段介入其分配事项。例如，矿藏资源、土地资源等，若被不断消耗，则难以持续满足人们的需求。二是该客体具有法律上的稀缺性。这种稀缺性不是客体天然带有的，而是法律出于特定原因拟制的。该客体本身可能并不具有稀缺性，但是处理、控制或者利用该客体有赖于高级技术或者能力，因此该客体的供给方和需求方之间存在不可避免的矛盾——供不应求。例如，由人力资本主体获得企业产权的核心逻辑在于，虽然人力资本本身不具有天然稀缺性，但是相较物质资本而言，其具有稀缺性。换言之，这种相对的稀缺性是“人力资本主体要求企业产权的权力基础”①。随着社会的进步，新型财产权客体不断涌现，它们的稀缺性往往在法律层面更加凸显。

可支配性一般是指，财产权的客体具有与人身相独立的，且能够被人支配、控制，满足其特定需要的特性，其内涵强调的是主体对客体所享有的支配力、控制力。此时，需要注意的是，支配力、控制力应当包括事实上的和法律上的两层内涵。前者更侧重主体对客体的一种物理意义上的、有形的支配、控制，有时可被称为物理上的支配力、控制力。例如，主体通过占有特定物而对其享有控制力、支配力，属于事实上的支配、控制的典型表现。而后者突出的是主体对客体的无形的支配、控制，往往是借助法律或者技术手段实现的。这种支配力、控制力更多地体现在无形财产上，如网络虚拟财产。具体而言，该财产能够成为财产权的客体，是因为其具有支配性——用户依法享有通过密码设置、人脸识别等方

① 时永顺：《人力资本的本质特征与企业产权》，载《首都经济贸易大学学报》2004 年第 1 期。

式对特定网络虚拟财产进行占有、使用、收益和处分的权利，任何人不得非法侵犯。

至于价值性指的是财产权的客体须具有经济价值，具体包括使用价值和交换价值。前者强调的是能够满足人们的需求的价值，而后者侧重于在交易过程中衍生的经济价值。价值性当属财产权客体的本质属性，因为权利主体行使财产权各项权能的终极目标是满足其特定的需求。需要注意的是，财产权客体的价值性侧重于要求客体所发挥的功效具有实在性，而不要求客体本身具备实体性。例如，虚拟财产兼具使用价值和交换价值，亦可在其上形成有效财产权。该财产的使用价值体现在其可以满足用户的精神、心理需求，甚至在特定情形下，还能通过电子商务平台的积分兑换、积分折抵现金等活动转化为现实财产，满足用户现实需求。该财产的交换价值体现在其能够通过转让、处理等交易方式使得用户获得经济利益，如用户购买虚拟货币后向他人出售。需要注意的是，上述使用价值、交换价值之间是辩证统一的关系，财产须先具有使用价值，方能存在交换价值。换言之，财产的使用价值是交换价值的前提，且直接决定了交换价值能否实现。

四、结语

我国社会主义市场经济的繁荣离不开产权制度的良好运行，积极构建归属清晰、权责明确、保护严格、流转顺畅的现代产权制度和产权保护法律框架是完善我国社会主义基本经济制度的重要内容。在理论层面厘清产权的定义，明确财产权的概念，梳理法律关系的内涵，有助于为我国未来实践提供有益指引。霍菲尔德理论中对基本法律概念的阐述以及对各组法律关系的分析内容，是产权、财产权研究不可绕开的依据。鉴于霍菲尔德理论揭示出，对物权并非仅指向特定物，还涉及人与人之间的权利、义务，故财产权的构建应当明确权利主体，限定权利客体，并设定权利主体之外他人的权利与义务，且和交易紧密关联的产权制度的构建同样须确定权利主体对特定稀缺资源的权利、义务等内容。在我国，财产权与产权可以被定性为特定权利主体对特定客体所享有的排他性权利，权利人能够通过控制、利用特定客体获得收益。完整的产权制度的内涵除了包含权利归属的相关规则，还应当囊括权利流转和主体间的利益平衡相关规则。

企业信用修复实现路径研究

张　毅*

摘要：企业信用修复是受到失信惩戒的失信企业恢复自身信用状况、重返市场交易的重要途径。基于失信惩戒导致声誉受损后果的救济可能性，以及信用信息内容的动态性，企业信用存在修复的可能。为实现企业信用修复，需要遵循信用修复的实现机理，加强信用修复的顶层设计，推动行政性信用修复和司法性信用修复的规范衔接，并对企业的失信行为实施类型化处理。

关键词：企业信用修复　信用修复　声誉

随着社会信用体系建设的全面推进，以政务诚信、商务诚信、社会诚信和司法公信为核心的四大领域信用体系建设工作也在持续开展。其中，商务诚信是各类商事活动得以顺利进行的内在支持和保障，对于市场经济的健康发展具有显著的促进作用。同时，为确保信用体系具备威慑力，实现既定的建设目标，以“一处失信，处处受限”的理念为代表的失信惩戒制度以强势发展的进程覆盖了前述四大领域，尤其是在商务诚信建设中，失信惩戒制度能够使各类商事主体参与市场活动的资格受到限制，对商事主体的正常经营和存续带来较大影响，这使得信用修复的需求在商事活动中空前旺盛，对企业信用修复的研究也显得更为迫切。本文从企业信用修复的概念切入，对企业信用修复的特征、实现机理和实现路径

* 中国政法大学民商经济法学院博士研究生。

等方面进行论述，最终为企业信用修复得以顺利实施提供参考。

一、企业信用修复的概念与特征

企业信用修复，是指企业实施失信行为之后，出于恢复自身信用状况，重返正常的市场交易中的需要，在符合法定条件的前提下向法定机关申请退出失信惩戒措施的活动。① 企业信用修复是信用修复的下位概念，是以申请信用修复的主体为标准，对信用修复所作的分类。从商务诚信建设的角度来说，企业信用修复对于参加商务活动的市场主体具有恢复原有声誉、重获市场交易资格的作用，因此，企业信用修复的概念界定、申请条件设置和修复效果尤为重要，上述内容也决定了企业信用修复具有以下三个方面的特征。

第一，企业信用修复的前提是企业实施了失信行为，并受到失信惩戒。这是区分信用修复与信用信息异议的关键所在。我国企业信用修复的出现更偏向于事实发展的结果，而非逻辑推理的演化，其源自企业实施失信行为后恢复信用状况的需求，因此，只有实际上发生失信行为后，才有信用修复的可能。这一点与美国的信用修复含义有所区别。美国语境下的信用修复既包括了发生失信行为后恢复信用状况的含义，也涵盖了“信用信息异议”，即信用信息记载错误时纠正错误内容的行为。基于此，有学者将信用信息异议纳入信用修复的概念范畴，并进一步将信用修复分为广狭两义。② 但在我国，信用信息异议是与信用修复并列而行的两种制度。信用信息的更正与补充，并非由于信用主体先前的失信行为所致，因此不属于我国信用修复制度的规制内容，而属于信用信息异议的制度范畴，该制度解决的是相关主体的行为是否构成失信行为，以及依此实施失信联合惩戒的问题；信用修复制度要解决的，是弥补失信企业先前实施的失信行为对社会造成的损害，以及终止实施联合惩戒措施问题。③ 通过审视信用修复相关顶层设计的规范性文件和地方实践中的情况，同样可以发现，实践中只认可失信行为

---

① 参见陈哲：《失信惩戒与信用修复》，载《浙江经济》2017 年第 8 期。
② 参见刘瑛：《信用修复的法理依据及类型化实施研究》，载《中国信用》2019 年第 12 期。
③ 参见刘宗胜、刘晓瑛：《再论信用修复内涵的界定》，载《中国信用》2021 年第 11 期。

发生后的信用修复，而将信用信息的内容改善排除在信用修复的范围之外。[①]

第二，企业信用修复具有法定性，包括申请信用修复条件的法定性和信用修复方式的法定性。申请信用修复条件的法定性，是指只有失信企业满足法定条件之后，才能向法定机关申请修复。由于信用修复旨在恢复失信企业因失信行为导致的受损声誉，故其申请修复的前提包括两个方面，一是纠正其先前实施的失信行为，二是消除因该失信行为造成的损害后果。纠正失信行为主要表现为失信企业不再实施该行为，尤其是对于持续性行为来说更是如此。消除该行为造成的损害后果，包括弥补物质上的损害后果和去除不良影响两个层面，前者主要指失信企业向失信行为的受害人给付赔偿，后者主要指消除失信行为带来的后续负面效果，例如修复受损的生态环境，使其各项机能复原到受损之前的状态。关于损害后果救济的讨论，将在下文详细展开。信用修复方式的法定性，主要指负责开展信用修复的机关对失信信息的处理应当遵循法律的规定，不得恣意为之。由于不同类型的失信行为会造成不同严重程度的后果，因此不可采用“一刀切”式的做法修复所有的失信行为。换言之，应当根据失信行为造成的后果决定信用修复的方式。目前，实践中已经存在的修复方式包括“终止共享公开失信信息”“屏蔽失信信息”“删除失信信息”“标注失信信息”“撤销失信信息”几种不同的做法。这些修复方式的含义及其适用标准，均需要法律予以明确规定，使申请信用修复的主体形成稳定预期，同时对实施修复行为的公权力主体形成限制，保证信用修复制度发挥实效，避免信用修复制度异化为失信企业实施失信行为后逃避的“港湾”。

第三，企业信用修复旨在为失信企业提供结束失信惩戒措施的“出口”，为失信企业提供重返市场的机会，但并非对失信惩戒措施的“制衡”。企业信用修复使得企业的信用状况得以更新，但这种更新的基础在于失信企业真正意识到了自身失信行为的危害，并及时纠正自身的行为，消除失信行为带来的不良影响，使受损事物的状态恢复到发生失信行为之前的水平。失信企业是否能“意识”

---

① 参见《市场监督管理信用修复管理办法》第5条、《失信行为纠正后的信用信息修复管理办法（试行）》第3条、《福州市社会信用管理办法》第20条、《南京市社会信用条例》第60条的规定。

到失信行为的危害并“真诚悔过”，主要依靠客观行为来判断，例如其是否能够及时、有效地弥补损失、消除影响，是否能够采取预防措施避免类似失信行为再次发生等。相反，若失信企业在信用修复完成后，再次实施了同种类型的失信行为，则表明该失信企业并无悔过之意，而是仅将信用修复作为缓解或消除失信惩戒措施的“便捷通道”。此时若其再次申请，信用修复的条件应当相较于初次申请时更为严苛，甚至在其失信行为造成的后果情节严重时，信用修复实施机关可以拒绝受理其信用修复的申请。

二、企业信用修复的实现机理

失信惩戒措施能够对失信企业带来持续性的、不断扩大的声誉损害和物质利益上的损失。但基于失信行为所造成损害的救济可能性，以及失信主体信用信息内容的动态性特征，企业的信用依然存在修复的可能。

（一）失信惩戒的影响

一方面，失信惩戒将企业的失信记录公之于众，会导致企业的声誉受损，且这种受损的声誉具有持续性和发散性。具体而言，在社会交往中，对其他主体产生信任的原始基础是熟悉的特征和过去的记录，为了给这一原始基础提供参照，人类社会发展出一种媒介：声誉。[①] 对于企业来说，企业的声誉是对该企业过往行为的记载，是其他社会主体了解该企业最为便捷的途径。通过知晓某个企业的声誉内容，其他社会主体就无须再通过烦琐的考察行为和验证行为评估与其进行商业交易的风险，而可以直接以对方拥有的“好名声”和“坏名声”这种简明的判断方式为自己的后续行为提供指引，决定是否信任对方，进而决定是否进一步与对方展开交易。因此，可以说，信任是复杂的简化机制，而声誉是简化信任的机制。依靠这种简化机制，社会交往的广度和深度得到了大幅度扩展，商事交易的效率和安全性也得到了极大程度的提高。企业声誉的形成并不依赖于某个主体，而是靠“社会的记忆”。因此，企业声誉的形成并非一朝一夕之事，企业声

① 参见郑也夫：《信任论》，中信出版社 2015 年版，第 110 页。

誉的恢复同样如此。当失信企业因自身违法行为受到社会权威①的负面评价后，其声誉将受到损害，由此带来的负面影响具有持续性和发散性。受损声誉的持续性体现为，声誉受损的企业无法立刻改变其在社会公众心目的印象，可能需要通过较长时间才能缓和社会公众的不满与愤怒。受损声誉的发散性体现为，对企业的负面评价超越了时空的界限，在现代科学技术的加持下，社会公众可以在任何时间、任何地点获取某个企业的负面评价信息。正如有学者所言："自现代媒体、特别是数字传媒兴起以来，信息的存储和提取已越来越少地受个人与人群自然记忆力的局限；'时间'与'遗忘'之间的关联已遭到严重削弱。"② 受损声誉的持续性和发散性使得声誉受损企业无法控制自身声誉的传播范围，也无法仅通过私力救济的途径恢复声誉，只能诉诸公权力机关主导下的制度完成声誉的恢复。在社会信用体系建设背景下，我国的声誉恢复制度即企业信用修复制度。

另一方面，企业的声誉受损会给企业带来物质利益上和名誉上的双重损失。在物质利益方面，良好的声誉作为一种社会资本，能够填补商事交易中各方对彼此掌握信息的不足，促进形成经济活动中双方合作的愿望，由此降低了交易成本，使拥有良好声誉的企业在市场经济中获得更多的交易机会；在名誉方面，良好的声誉能够为企业带来社会荣誉，获得其他社会主体的认可，使该企业拥有良好的社会形象。与此相反，当企业的声誉受损后，该失信企业失去了各类交易机会，也无法获得其他社会主体的认可，由此会形成负面的社会形象。声誉受损后果在物质上和名誉上的双重性，使得声誉受损企业必须为之付出相应代价，也催生了其恢复自身声誉的需求。在社会信用体系建设的背景下，声誉受损表现为失信企业因实施失信行为被纳入了"失信黑名单"，声誉受损的后果表现为失信企业参与市场经济活动的部分权利受到限制，丧失部分资格，且失信企业在社会大众中的认可度降低，在商事活动中的交易机会随之减少。出于恢复自身的权利和资格，以及未来能够继续参与市场经济活动、从事商业交易的需要，失信企业自然会产生信用修复的需求。

---

① 这里的社会权威是指具有公信力的机关。

② 戴昕：《声誉如何修复》，载《中国法律评论》2021 年第 1 期。

（二）信用如何修复

声誉受损后所具有的持续性和发散性特征，以及损害后果在物质利益上和名誉上的双重性，引出了另一个问题：已经受损的声誉存在修复的可能吗？为了回答这一问题，需要从损害后果救济的可能性和信用信息内容的动态性两个方面说明信用修复的实现机理。一方面，若失信企业的后续行为能够弥补失信行为造成的损害后果，则信用修复的可能性也会随之提高；另一方面，失信企业信用信息的内容是不断更新的、处于动态变化中的，当良好的信用信息数量累积到一定程度，其完成信用修复的契机也随之出现。

具体来说，由于失信企业声誉受损的前提是该主体实施了失信行为，且造成了损害后果，因此，若失信企业能够弥补自身造成的损害后果，信用修复也就具备了可行性。由此观之，损害后果救济的可能性是决定失信企业能否进行信用修复的重要因素。以损害的可救济程度为标准进行划分，损害后果的恢复程度可以分为能够完全恢复原状、能够部分恢复原状和完全不能恢复原状。[①] 根据《民法典》的规定，损害后果的形态包括人身损害、财产损害[②]和精神损害[③]。其中，财产损害能够完全恢复原状，人身损害和精神损害则兼有完全恢复、部分恢复或者无法恢复的可能性。因此，若失信企业的行为导致受害人遭受财产损害，则失信企业可以通过弥补损害后果的方式减少失信行为带来的消极影响；若失信企业的行为导致受害人遭受人身损害或精神损害，则要视其对损害后果的弥补程度决定消极影响的减少程度。若失信企业能够完全弥补其失信行为造成的损害后果，就具备了信用修复的前提；若失信企业只能部分弥补其失信行为造成的损害后果，则其信用修复的程度也会较低；若失信企业完全无法弥补其失信行为造成的损害后果，则其无法申请信用修复。

从信用信息内容的动态性特征来看，声誉可以通过三种不同的方式生成，分

---

① 参见于世平：《侵权损害后果的类型划分及其实践意义》，载《人民司法》2005年第10期。

② 参见《民法典》第1167条的规定。

③ 参见《民法典》第1183条的规定。

别是口碑、广告和档案。[1] 在时间的沉淀下，口碑自然会在社会中形成社会主体的声誉，这是由信息本身的特征决定的，当然人为干涉在其中也起到了重要作用。广告是声誉主体刻意行为的产物，虽然带有一定主观色彩，但会对声誉的形成产生重要作用，有助于改善其他社会主体对于该声誉主体的印象。档案与广告同样是人为的产物，但与广告的主观色彩不同，多数档案是一种无关价值判断的、识别社会主体的记录，能够忠实地反映被记录主体的信用状况。在社会信用体系建设的过程中，口碑的重要来源是社会主体受到的守信联合激励和失信联合惩戒措施，档案的形成则有赖于信用主体各项信用信息的记录。从实践情况来看，目前至少存在四类与企业的信用信息状况相关的信用档案。[2] 这四种档案能够同时发挥作用，覆盖了企业主体和具备完全行为能力的自然人主体，成为推动守信联合激励和失信联合惩戒的重要基础。由于企业的信用信息处于不断生成的过程之中，因此其信用档案的内容也会相应日益丰富，对于该企业的口碑乃至最终的声誉情况有着重要影响。当与失信企业相关的内容良好的信用信息积累到一定程度，或者内容较差的信用信息减少到一定程度时，该失信企业的口碑就会发生变化，信用修复的时机也就渐趋成熟。由此可见，与失信企业相关的信用信息的内容更新越多，该失信企业的信用状况就会更加清晰，其他社会主体对该失信主体在未来行为方面的“不确定感”就会随之下降，逐步形成稳定的预期。[3] 这与下文信用修复实现路径中的“重建社会信任”遥相呼应。

从上述损害后果救济的可能性和信用信息内容的动态性来看，企业信用修复在理论上是可行的。在这一思路的指引下，企业信用修复的实现路径同样为两个方面：弥补损害后果和重建社会信任。一方面，失信企业应当通过承担法定责任尽量弥补自身失信行为导致的损害后果，为信用修复奠定基础；另一方面，失信企业也可以充分利用声誉的形成路径，重建自身与其他社会主体之间的信任关系。

损害后果因失信行为而产生，因此失信企业若要弥补损害后果，需要从失信

---

① 参见郑也夫：《信任论》，中信出版社 2015 年版，第 112 页。

② 包括企业信用信息公示系统、各行业领域信用档案、公共信用信息平台和金融信用信息基础数据库。

③ 参见郭慧云：《论信任》，西南师范大学出版社 2016 年版，第 59 页。

行为的特征入手，而这取决于“失信”中的“信”如何理解。从“信用信息”的概念来看，目前理论界有“社会评价说”“意愿与能力说”“三维构成说”“履行义务状态说”四种观点。[①] 本文支持“义务履行状态说”，认为信用信息是信用主体“履行法定或约定义务的客观数据和资料”，由此可见，其中的“信”或者“信用”，是指信用主体履行法定或约定义务的状况。从各地发布的规范性文件来看，实务界对信用信息的概念同样采取了这一界定思路。[②] 以这一概念界定为基础，失信行为则是失信企业实施的违反了法定义务或约定义务的行为。违反法定义务后，失信企业应当根据现行法律规定承担法定责任，而法定责任的重要内容就是弥补损害后果，如民事责任中的返还财产、恢复原状、修理、重作、更换，行政处罚中的罚款、没收违法所得、没收非法财物等。违反约定义务后，失信企业应当承担相应的违约责任。故此，在现行法律规范的框架之下，失信企业弥补损害后果的方式即承担相应的法律责任，这是申请信用修复的前提。

在法治社会中，失信企业因实施违法行为而承担法律责任是法律规则的应有之义，即使在开展社会信用体系建设之前，实施了违法行为的当事人也要承担法律责任，因此仅有弥补损害后果的行为并不能支持失信企业完成信用修复。在社会信用体系建设的背景下，完成信用修复的重点和难点是通过信用修复条件的设置，重建失信企业与其他社会主体之间的信任关系。

前文已述，良好声誉的形成包括口碑、广告和档案三种途径，失信企业重建社会信任的方式也不外乎这三种路径。良好口碑的形成需要失信企业在承担法律责任的基础上实施其他的增信行为，为自身增加内容良好的信用信息，但失信企业实施的增信行为应当与其之前实施的失信行为在内容上具有一定的关联性，例如，某失信企业因污染环境遭到失信惩戒，则其可以通过实施改善周边环境等增信行为，为自身增加内容良好的信用信息。除此之外，失信企业还可以利用多种广告的途径，对自身的增信行为加以适当宣传，提升自身的社会形象，改善自身的信用信息内容。当内容良好的信用信息足够丰富时，该失信企业的口碑也会随

---

① 参见张路：《社会信用信息的规范定义及其标准阐释》，载《征信》2022年第10期。

② 参见《湖南省社会信用条例》第2条、《广东省社会信用条例》第3条、《山东省社会信用条例》第2条、《黑龙江省社会信用条例》第3条的规定。

之好转，再辅以广告的效用，社会公众对于该失信企业的印象会逐步改善。最后，由失信企业向特定部门申请对其信用档案中的失信信息进行相应处理，即可完成信用修复的过程。需要注意的是，重建信任是一个各方合力完成的过程。由于受损的声誉具有持续性和发散性，因此对失信企业失信信息的处理结果同样应当具有持续性和发散性，才能最大限度触及受损声誉所到达的时间与空间，达到修复该失信企业信用的效果。处理结果的发散离不开各信息传播平台的作用，实现信用修复同样需要规范上述平台的行为。

三、企业信用修复的实现路径

通过阐述企业信用修复的实现机理，本文已经在理论上证成了企业信用修复的实现可能。在此基础上，下一步需要讨论的是实践中企业通过何种方式实现信用修复。从我国社会信用体系建设的实践情况来看，目前在行政领域和司法领域存在两种不同类型的信用修复，本文分别将两者称为行政性信用修复和司法性信用修复。行政性信用修复，是指失信企业为恢复自身的信用状况，按照法定的条件和程序，纠正失信行为、消除不良影响后，向行政机关申请终止受到的失信惩戒的活动。司法性信用修复，是指失信企业为恢复自身的信用状况，按照法定的条件和程序，纠正失信行为、消除不良影响后，向司法机关申请暂停自身受到的失信惩戒的活动。企业实施失信行为后，不仅会在行政领域受到处罚，也可能会被受害人诉至法院，在司法领域受到失信惩戒措施。因此，失信企业在行政领域和司法领域均有信用修复的需求。但行政性信用修复和司法性信用修复的主管机关不同，导致两者的申请条件和修复效果也各不相同。

关于信用修复的申请条件，目前行政性信用修复所确定的信用修复条件可以分为五类：履行法定义务、消除不良影响、满足最短公示期、未再受到相应行政处罚和公开作出信用承诺。[①] 其中，履行法定义务属于企业信用修复实现机理中弥补损害后果的表现形式。消除不良影响是失信企业重建社会信任的必然要求，

① 参见《市场监督管理信用修复管理办法》第6条至第8条、《失信行为纠正后的信用信息修复管理办法（试行）》第18条的规定。

同时也是一个概括性的条件，可以分解为多个类型的具体要求，包括后续作出信用承诺、参加志愿服务和公益事业等。最短公示期的设置，一方面能够对失信企业和潜在的失信企业起到震慑作用，说明信用修复不是失信企业逃避失信惩戒措施的工具；另一方面也能满足社会公众对失信企业“违法应当担责”的朴素法感情，满足社会公众法感情的过程也是失信企业与社会重建信任关系的过程。未再受到相应行政处罚是对失信企业的“主观意图”及其行为的时间要求。重建与社会公众的信任关系，需要社会公众真正认识到该失信企业具有改过自新的态度，这种态度的重要体现之一，就是失信企业不再实施新的失信行为。因此，该项条件是失信企业重建社会信任的延伸。公开作出信用承诺中的信用承诺是指信用修复型信用承诺，即失信企业纠正失信行为后，向行政机关承诺在法定期限内不再实施失信行为的活动。若失信企业违反自身承诺，则其在一定时间内无法申请信用修复。由于失信企业的信用承诺会面向社会公开，因此这实质上也是失信企业向社会公众宣示自己具有良好纠错态度的过程，有助于失信企业重建与社会公众之间的信任关系。司法性信用修复的条件主要表现为遵守执行期间的各项规定，并且有部分履行行为及明确的履行计划。[①] 遵守执行期间的各项规定，表明失信企业有意愿恢复自身的信用，对于信用修复的态度是积极的。有部分履行行为及明确的履行计划，则在一定程度上能够表明失信企业对于其所实施的失信行为及造成的损害后果有悔过之意，并付出了行动试图弥补损害后果和消除不良影响，同时重建社会信任。应当说，分别对行政性信用修复的条件和司法性信用修复的条件进行单独审视，两者的规定皆有合理之处。但当站位于信用修复“全方面”“全覆盖”的周延立场上重新审视，就会发现行政性信用修复和司法性信用修复的申请条件是相互独立的，不利于实现两类信用修复的稳步承接，对失信企业申请信用修复可能造成不便。

关于信用修复完成后的修复效果，行政性信用修复主要包括终止共享公开失

① 例如《湖南省高级人民法院关于建立失信被执行人信用承诺和信用修复机制的实施办法（试行）》第13条、《江西省高级人民法院关于建立失信被执行人信用承诺和信用修复机制的实施意见（试行）》第9条的规定。

信信息、标注失信信息、屏蔽失信信息和删除失信信息四种类型。[①] 其中，终止共享公开相关信息，是指终止将失信信息向社会公众共享公开，但在各政务部门之间依然可以继续共享公开。标注失信信息，是指信用修复机关在失信主体申请信用修复后，在失信信息旁边就失信企业的修复情况进行文字说明。屏蔽失信信息，是指只有受理该失信企业信用修复申请的机关才有权限查阅该失信企业的失信信息，除此之外的任何主体均无法获知。屏蔽措施与终止共享公开措施的区别在于是否在政务系统内共享失信信息。删除失信信息，是指将失信信息从数据库中完全消除，无论是作出信用修复决定的机关，还是其他政务部门，抑或社会公众，均无法再查询获知。司法性信用修复完成后，主要的效果包括屏蔽失信信息、删除失信信息、撤销失信信息和缩短失信期限。其中，“缩短失信期限”的含义不言自明。“屏蔽”和“删除”的含义与行政性信用修复中的效果相同。在司法性信用修复的语境下，“屏蔽”是指失信被执行人完成信用修复后，其失信信息在中国执行信息公开网和不对外公开的其他部门内部系统中均予以清除，但在人民法院的内部数据库中依然保留。“删除”则是指失信被执行人完成信用修复后，其失信信息在人民法院的数据库中完全清除，无论是中国执行信息公开网，还是其他部门的内部系统，抑或人民法院的内部数据库，均不予保留。根据相关司法解释的规定，“撤销”是人民法院在发现被执行人被错误纳入失信被执行人名单等不准确失信信息时，对该失信信息的处理方式。这表明，“撤销”与“屏蔽”和“删除”不同，其并非一般意义上的修复方式，而是针对法院将某些主体错误纳入失信被执行人名单行为的纠正措施，与信用信息的异议制度存在相似之处。以上司法性信用修复方式的含义在司法实践中也得到了证实。此外，屏蔽失信被执行人名单的操作流程也证实了这一点。因此，行政性信用修复与司法性信用修复完成后的处理方式在数量和内容上均存在差异。

前述两类信用修复存在的差异对企业信用修复的实现带来一些问题。具体来说，在申请条件方面，失信企业为结束受到的失信惩戒措施，需要分别在行政领域和司法领域满足不同的条件才能进行申请。在修复效果方面，行政性信用修复

① 参见《国务院办公厅关于进一步完善失信约束制度构建诚信建设长效机制的指导意见》第 11 条的规定。

和司法性信用修复对于失信信息的处理方式无法一一对应，这可能导致失信企业对同一失信行为的申请产生两种完全不同的修复效果，使得企业的信用水平处于模糊不定的状态。由此，若要提高失信企业申请的积极性，促进企业信用修复的顺利实现，需要完成行政性信用修复和司法性信用修复的顺畅衔接。

无论是行政性信用修复，还是司法性信用修复，均是信用修复的种类之一，因此在规范目的和实现机理，以及与其他制度的衔接和大体的规范设计上，均有类似之处，这为行政性信用修复和司法性信用修复的衔接奠定了基础。在规范目的方面，两类信用修复均是为了有限度地激励失信企业，引导其积极纠正失信行为，消除不良影响，最终提升社会的整体信用水平。在实现机理方面，两类信用修复均以声誉机制的作用为基础，以弥补损害后果和重建社会信任为申请信用修复的原则性条件，具有共同的运行原理。在与其他制度的衔接上，两类信用修复均与失信联合惩戒制度相衔接，并分别在行政领域和司法领域为失信企业提供了结束失信联合惩戒的“出口”，实现了在有限激励失信企业的同时，维护失信联合惩戒制度威慑性的效果。在规范设计方面，两类信用修复均包含修复条件、修复程序和修复效果三类主要内容，为失信企业进行信用修复提供了规范性指引。因此，行政性信用修复和司法性信用修复在上述四个方面的相同点为这两类信用修复的衔接提供了可行性。在此基础上，本文认为，为鼓励失信企业积极申请信用修复，提升企业信用修复的效果，还应当在以下三个具体方面着力。

第一，遵循信用修复的实现机理，加强信用修复的顶层设计。以声誉机制的作用为载体，信用修复能够在社会信用体系建设的背景下发挥独特的作用，即使所在领域不同，信用修复的基本原理也均能够得到适用，即“弥补损害后果”和“重建社会信任”。以这一立场为出发点加强信用修复的顶层设计，是衔接行政性信用修复与司法性信用修复的重要途径。具体来说，在信用修复的主管机关方面，行政机关和司法机关应当严格遵循中央层面信用修复的规范，以党中央、国务院发布的文件作为确定信用修复规范的依据，并遵守“弥补损害后果”和“重建社会信任”的修复原理。加强沟通，共同确定信用修复的条件、方式等内容，避免出现申请修复同一失信行为，需要满足不同的修复条件、出现不同的修复效果的情形。如在顶层设计的相关规范性文件中提到，要“完善信用修复机制”，并“推进政府部门诚信信息与法院信息共享机制”。[①] 此类规定是实现两类信用修复衔接的基础。

第二，衔接行政领域和司法领域信用修复的规范要求。目前，行政领域和司法领域对企业信用修复的申请条件和修复效果规定均存在差异。企业信用修复的实现，有赖于实现这两个领域信用修复的规范衔接。具体而言，在信用修复的条件上，从信用修复的适用情形和不予修复的情形来看，两类信用修复最大的不同在于确定适用条件的标准不同：行政性信用修复以失信企业实施的失信行为严重程度为依据，确定其申请信用修复应当适用何种条件。司法性信用修复则以失信被执行人是否配合法院的执行工作为依据，确定该失信企业申请信用修复的适用条件。因此，确定信用修复适用条件标准的不同是导致失信主体在行政领域和司法领域信用状况迥异局面的原因所在。为实现两者衔接，应当遵循信用修复的基本原理，要求失信企业同时满足“弥补损害后果”和“重建社会信任”两个要件，将这两个要件作为确定信用修复条件的标准。其中，弥补损害后果的形式应当根据失信行为的严重程度和失信企业实施失信行为时的主观意图确定：若失信行为造成的损害后果不具有救济的可能性，则不允许其申请信用修复。若失信企业故意实施失信行为，或者多次实施失信行为，则其申请信用修复时应有更多的增信行为，否则不允许其申请信用修复。以此种梯度式的思路确定信用修复的条件，符合信用修复的原理，也能够实现信用修复的规范目标。在信用修复的效果上，“屏蔽”和“删除”是两类信用修复共有的方式，“终止共享公开”“标注”是行政性信用修复独有的修复方式，“缩短失信期限”则是司法性信用修复独有的修复方式。通过这几种修复方式的含义可以发现，“屏蔽”“删除”“终止共享公开”和“标注”的修复方式能够决定失信信息最终是否得以继续公开存在，“缩短失信期限”的处理方式则决定的是失信信息的存在期限，至于存在期间届满后如何处理，并未涉及。因此“终止共享公开”“标注”和“屏蔽”“删除”的处理效果类似，这四种修复方式处于同一个层面。“缩短失信期限”是另一个层面的修复方式。基于此，在修复方式的衔接方面，可以将“缩短失信期限”

---

① 参见《最高人民法院、国家发展和改革委员会关于为新时代加快完善社会主义市场经济体制提供司法服务和保障的意见》第20条。

普遍适用于造成严重损害后果的失信行为，这是修复的第一个层面；当相应的失信信息存在期限届满后，再根据失信企业在申请条件方面的契合度（失信企业弥补损害后果和重建社会信任的程度）决定适用何种其他的修复方式，这是修复的第二个层面。如此设计，能够实现行政性信用修复和司法性信用修复在修复效果方面的一致性。

第三，对失信企业实施的失信行为进行类型化处理。对失信行为的划分，不仅有助于区分不同种类的失信行为，加深对失信行为本身的认识，且有助于根据不同失信行为的危害程度和发生原因，确定对其适用何种修复方式，以提高信用修复的精准性和实效性。从现有的规范性文件内容来看，无论是行政性信用修复，还是司法性信用修复，绝大部分规范均没有在对失信行为类型化的前提下展开信用修复，这恰恰是导致现有信用修复规范存在修复条件精细化程度不足、修复方式对损害救济不足等问题的关键原因。本文认为，以恰当的标准对失信行为进行类型化处理，针对不同类型的失信行为适用不同的修复条件和修复方式，有助于统一修复尺度，促进行政性信用修复和司法性信用修复的规范互认。具体来说，对失信行为类型化的思路可参考已有的规范性文件中对于失信行为的分类，根据社会危害程度，将失信企业的失信行为分为不同的类型，并以利益位阶的原则划分具体的失信行为等级。① 对处于同一严重程度的失信行为，行政性信用修复和司法性信用修复适用同等严格水平的修复条件和修复方式，方可实现两类信用修复在适用效果上衔接。

四、结语

从我国社会信用体系建设的实际情况来看，企业信用修复并非抽象逻辑推演的结果，而是现实需求催生的产物。正因如此，更需要从学理上明晰企业信用修复的概念与实现机理，证成企业信用修复的可能性，为企业信用修复的开展提供

① 参见《国家发展改革委办公厅关于进一步完善“信用中国”网站及地方信用门户网站行政处罚信息信用修复机制的通知》，载中国政府网，https：//www. gov. cn/zhengce/zhengceku/2019-09/29/content_ 5434745. htm，访问日期：2024 年 3 月 4 日。

理论支持。企业作为市场经济的重要主体和经济活动的主要参与者，在提供就业机会和推动科技进步方面发挥着不可替代的作用。企业信用修复则为失信企业实施失信行为后，终结其所受到的失信惩戒措施，重新返回市场提供了信心和机会。同时，由于企业信用修复是一个横跨司法领域和行政领域的命题，具有较强的体系效应，因此企业信用修复的实现有赖于不同主管部门的通力协作、同向发力，使企业信用修复成为激发市场经济主体活力、提升我国市场经济治理水平和治理能力的重要工具。

优先股股东的优先分配请求权研究

徐艺瑄*

摘要：2023年初，《优先股试点管理办法》修订稿发布，标志着优先股制度在我国的发展又向前迈进一步。以此为契机，本文聚焦优先股股东享有的优先性财产性权利的核心——优先分配请求权，具体包括利润优先分配请求权与剩余财产优先分配请求权两项子权利。就利润优先分配请求权，在厘清其概念、内容的基础上，探讨了行使该项权利的程序和实质行使条件，并辨析了载有该项权利的利润优先分配条款的形式与内容。就剩余财产优先分配请求权，在明确其概念、行使条件的基础上，本文结合有关理论争议，探讨了剩余财产优先分配请求权的请求范围及其在剩余财产分配方面的参与性问题。最后，笔者立足我国的立法现状，提出了完善优先股股东优先分配请求权制度的对策建议，包括明确法律层面规范支持，灵活优先分配请求权设置，优化优先股股东表决权恢复机制，以及完善优先分配请求权救济机制。

关键词：优先股　优先分配请求权　利润优先分配请求权　剩余财产优先分配请求权

* 中国政法大学民商经济法学院硕士研究生。

一、引言

2023 年 2 月 17 日，《优先股试点管理办法》（以下简称《管理办法》）最新修订稿出台。这是证监会 2014 年首次发布该办法后的第三次修改，也是进一步落实《国务院关于开展优先股试点的指导意见》（以下简称《指导意见》）要求的体现。同日，上交所、深交所分别发布了有关优先股试点业务的最新实施细则。这一系列规章、文件的出台迎合了全面实行股票发行注册制的资本市场改革要求，有助于促进证券品种多样化、优化企业融资方式、加强投资者权益保护、推动资本市场创新，也进一步规范了优先股的发行和交易行为，有利于推动优先股制度在我国商业实践中取得更多的积极成效。

优先股诞生于商业实践中社会投融资的多样化需求，其实质是以股东同质化假说为基础的“一股一权”原则被突破后，公司在股东的财产性权利方面进行差异化安排的产物。在财产性权利上的优先性是优先股有别于其他类别股的显著特征，而这一优先性主要体现在利润优先分配请求权和剩余财产优先分配请求权两个方面，二者被共同纳入优先分配请求权范畴。本文以域内外的学者观点和商业实践情况为基础，对优先股股东的优先分配请求权展开研究，契合了社会热点，具有一定的理论价值和社会意义。

二、优先股股东优先分配请求权的界定

（一）优先股的概念界定

域内外学术界和实务界主要从权利内容和权利属性两个角度对优先股的概念加以界定，整体而言并无太大争议，但仍有部分细微之处有待厘清。就权利内容而言，《管理办法》第 2 条将优先股解释为依法创设的一种有别于普通股的特定种类股份，相较普通股股东而言，持有该股份的股东在公司利润分配和剩余财产分配方面享有优先性，但在公司管理方面的权利受限。按照学者们的观点，优先

股是指在进行盈余或剩余财产分配时可以优先于其他股东获得所定份额的股份；优先股的特征在于，可优先获得一般来说固定的股息，可优先受偿公司剩余财产，但一般无表决权。① 就权利属性而言，学者们一般认为优先股是混合型证券，其同时呈现了债权和股权的特征；优先股股东的身份介于股东与债权人之间，对其身份的明确与权利的行使需要进行周全的约定。②

结合上述文件规定以及学者观点，笔者认为，优先股概念的界定还需明晰以下问题：一是优先性的范围。优先股的权利优先性主要体现为按照相对固定的利率优先分配股息，以及有权优先获得剩余财产分配。这两个方面的优先性权利既可共同享有，也可分别享有。二是优先性的参考对象。多数学者以普通股或普通股股东为基准，考量优先股或优先股股东的权利优先性；但也有观点认为，只有较之于包括普通股在内的全部的其他股份具有优先性的股份才能被称为优先股③。笔者认为，根据分配顺序的先后，公司股份可以分为优先股、普通股和后配股。由于《管理办法》第 6 条禁止在优先股上设置不同顺位的利润分配和剩余财产分配请求权，因此在优先分配请求权的优先性排序上，我国的优先股股东之间并无差异。故而在我国，“其他股份”一词相较于“普通股”能更加精准、全面地描述优先股的比较对象。在域外，美国《商业示范公司法》也认可了应采用“其他股份”这一更为全面的参考基准，并将其他股份进一步按照种类（class）股和系列（series）股的标准进行划分，二者在创设方式上有所区别。三是优先股和表决权之间的关系。有观点指出，优先股股东在财产性权利方面的优先性应当以限制或取消其“参与公司决策管理等权利”为代价；优先股实质上是以更高的财产收益回报换取投资者放弃一定的表决权。④笔者认为，一方面，

---

① 参见范健：《商法》，高等教育出版社 2011 年版，第 161-162 页；韩秀华：《论优先股股东类别表决权之表决事项确定》，载《法律科学（西北政法大学学报）》2020 年第 4 期。

② 参见汪青松：《优先股的市场实践与制度建构》，载《证券市场导报》2014 年第 3 期；刘胜军：《保护优先股股东的权利——基于政治经济学维度的分析》，载《银行家》2017 年第 3 期。

③ 韩秀华：《论优先股股东类别表决权之表决事项确定》，载《法律科学（西北政法大学学报）》2020 年第 4 期。

④ 参见汪青松：《股份公司股东权利多元化配置的域外借鉴与制度建构》，载《比较法研究》2015 年第 1 期；朱慈蕴等：《差异化表决制度的引入与控制权约束机制的创新——以中日差异化表决权实践为视角》，载《清华法学》2019 年第 2 期。

“参与公司决策管理的权利”中的知情权、会议召集权等部分权利属于股东固有权范畴，不可被章程剥夺；另一方面，优先股的创设与是否存在表决权差异化安排之间并不存在必然的联系①，大多数情况下优先股股东所享有的表决权受限，但表决权的有无和多少事实上并不影响优先股的创设。换言之，优先股股东获得财产性权利方面的优先性很可能需要以放弃管理性权利（特别是表决权）为代价，但该项牺牲并不必然。四是优先股的权利属性。学界大多数认同优先股同时具有股权和债权的特征，因而兼具双重属性。此外，笔者认为，在我国，优先股股东权利的具体内容（例如分配请求权中的优先程度、行使条件，回购权、转换权等其他股东权利的设置）并不完全由法律法规明文规定，而是由公司通过章程自治等方式确定的。因而，我国优先股在一定程度上具有意定性特征，主要体现为在法律允许的范围内，优先股股东权利的具体内容属于公司自治的范畴，可以由公司股东协商后通过公司章程、决议等方式予以确认。综上所述，本文将优先股界定为，公司依据《公司法》创设的，在财产性权利［主要是公司盈余分配和（或）剩余财产分配方面］相较于其他股份享有优先性，并通常在管理性权利（主要是表决权）方面受限的股份。

（二）优先股股东权利的类型化

在厘清优先股基本概念的基础上，可以将优先股股东权利定义为，优先股持有人依其股东身份享有的，在利润、剩余财产分配等方面具有优先性的财产性权利，在表决权等方面受限的管理性权利，以及公司章程另行约定的其他权利。

通常认为，优先股股东权利是一个涵盖多层级子权利的“权利束”，优先股股东权利类型化的依据主要是股权的权利性质，即将股东权利分为财产性权利和管理性权利（又称为公司事务参与权）两大类型。② 从本质上讲，该种权利划分方式采用了目的与手段二分法的思路，也就是将财产性权利视为目的权利，将管理性权利视为手段权利，股东参与公司事务的最终目的是实现财产利益最大化。

---

① 参见张志坡：《优先股之无表决权质疑》，载《法学杂志》2012 年第 12 期。

② 参见江平等：《论股权》，载《中国法学》1994 年第 1 期；李安安：《股债融合论：公司法贯通式改革的一个解释框架》，载《环球法律评论》2019 年第 4 期；赵玲：《我国类别股创设的法律路径》，载《法学杂志》2021 年第 3 期。

在股东权利的配置上，为了帮助优先股股东在参与公司运营过程中实现其自身财产利益的最大化，公司在股东的财产性权利方面对其作出了倾斜性安排。优先股股东的财产性权利主要包括三方面内容：一是请求公司优先分配盈余利润以及剩余财产的权利；二是在公司发行新股或老股转让时，优先认购、购买股份的权利；三是由章程另行约定享有的回购权、转换权等其他权利。财产性权利大多属于非固有性的股东自益权利，可以由公司章程约定权利限度或予以直接排除。优先股股东的管理性权利主要是指优先股股东参与公司治理的有关权利，主要包括表决权，通过查阅、复制等手段了解公司相关信息的知情权，召集会议、提出议案等为促进公司决策正当而设置的程序性权利以及众多救济性权利。优先股股东的表决权通常受到限制，但其享有的知情权、程序性权利和救济性权利为股东共益性权利，属于股东固有权范畴，不得为公司章程所限制或剥夺。值得注意的是，德国法中虽然使用“股份财产权”一词涵盖“二分法”中的两类权利，但同时承认了股份财产权具有股东财产权和股东成员权两个方面，这实质上也是股东权利中“财产权—管理权”二分的体现。①

（三）优先股股东的优先分配请求权

作为优先股股东权利中财产性权利的重要组成部分，优先分配请求权主要包括两大权利，一是利润优先分配请求权，二是剩余财产优先分配请求权。本文将研究对象限定为优先股股东财产性权利中的优先分配请求权，有如下两方面的考虑。

第一，相比于优先股股东的管理性权利，将研究对象限缩在财产性权利范畴内更加契合优先股的制度本源。从股东异质化视角分析，不同股东在投资目标、偏好、知识、能力等方面具有明显差异，并非所有股东都有意愿和能力参与公司治理，并愿意将其自身利益与公司发展状况正向挂钩。部分投资性、投机性股东可能抱有纯粹逐利目的，仅看重股票短期高额的投资收益而无意于公司事项的决策，公司股份所附有财产性权利对其而言具有更高价值；而另一部分经营性股东

① 参见陈霄：《德国宪法上的财产权保障与股东权利》，载《华东政法大学学报》2016年第1期。

可能更看重公司的长期发展，关心公司经营战略的长期妥当性，偏好对于公司的控制权。异质化的股东群体为实现自身目标与利益展开博弈，创设出突破了传统的“一股一权”原则、在经济权益与管理权益上分别具有差异化侧重的股份类型，前者为优先股，而后者被称为多重表决权股。质言之，优先股系在商业实践中对于财产性权利进行特殊设计而创制的股份类型，该制度的核心特征在于具有优先性的财产性权利，而非管理性权利。

第二，相较于优先股股东的其他财产性权利，将研究对象限定为优先分配请求权突出了财产性权利的核心。一方面，优先股制度中对于财产性权利的安排主要是通过约定优先利润分配请求权以及优先剩余财产分配请求权实现的，二者同属于优先分配请求权范畴；另一方面，回购权、转换权固然具有一定的经济属性，但从其权能来看并非严格意义上的财产性权利；且该类权利根源于股权自身，亦并非专属于优先股股东，故应当将回购权、转换权从研究对象中剥离。综上所述，笔者将研究对象限定于包含利润分配请求权、剩余财产分配请求权在内的优先分配请求权，而将其他带有经济属性的权利（如优先认股权、回购权、转换权等）排除于本文研究范围之外。

三、优先股股东的利润优先分配请求权

（一）利润优先分配请求权的内容

优先股股东的利润优先分配请求权，是指在公司“有盈可分”的前提下，在公司向普通股股东分配利润之前，优先股股东有权请求公司根据章程预先规定的分配比率或定额分派股息的权利。该项权利的作用在于，抑制创始股东自利性分红的冲动，使之将更多资金用于公司发展，进而提升公司经营业绩；其作用机理在于，只有当公司利润超过待支付优先股股息时，创始股东才可能获取红利。笔者认为，利润优先分配请求权的概念可以从如下三个方面分析。

首先，“优先”描述的是优先股股东的利润分配位次，这是相对于普通股股东和其他类别股股东而言的，是指公司在未满足非累积优先股股东本年度应得股

息之前，或未足额支付累积优先股股东历年应得股息总额时，不得向普通股股东或其他类别股股东分派公司盈余。

其次，“利润分配”的界定是各国公司立法重点关注的问题之一。传统的“利润分配”是以现金形式进行的。以现金形式分配的红利具有相对稳定性，其分配金额按照合同中事先约定的特定数额或票面价值的特定比例确定，也可能依据特定基准利率指数（例如银行间拆借利率）浮动。在域外司法实践中，“利润分配”的含义历经了由形式到实质的转变，即“利润分配”不仅包括现金股利分配，也包括以其他形式分配公司财产，甚至可以涵盖子公司回购具有绝对控制权的母公司所持股份的情形；但“股份股利分配”通常被排除在“利润分配”的范畴之外，因为其并未使公司资产实质性地流向股东。[①]

最后，该项权利属于“利润分配请求权”范畴，旨在使股东从公司处获得特定的股息给付。一般来说，股东的利润分配请求权存在“抽象—具体”两个维度，区分二者的关键在于分配决议的通过与否。故而，优先股股东的利润优先分配请求权也存在两个维度。抽象的利润优先分配请求权根源于优先股股东的股东身份和资格，属于股东固有权范畴，不可由公司章程予以剥夺。具体的利润优先分配请求权，是指优先股股东根据股东大会分派优先股股息的决议而享有的请求公司向其支付股息的权利。

在厘清利润优先分配请求权的概念基础上，笔者进一步探讨优先股股东利润优先分配请求权的内容。原则上，除《管理办法》等规定对可公开发行的优先股类型有所限制[②]外，公司可以自由设计利润优先分配请求权的具体内容，并由此形成不同类型的优先股，大致包括如下几类。

第一，根据在公司当年未获得足够盈余用以支付优先股股息时，优先股股东能否在日后请求公司补足未支付的股息，优先股可以分为累积型与非累积型。累积优先股是指，如果公司在某个年度内的盈利不足以支付全部优先股股息，持有该股份的股东可以在今后年度持续请求公司补足未付的股息，直至其股息被足额

① 参见赵奕彤、傅穹：《公司盈余分配的司法实证观察》，载《社会科学家》2020年第10期。

② 参见《管理办法》第28条的规定。

支付；在优先股股东全部应得股息被支付完毕后，公司才能向普通股股东分派利润。非累积优先股是指，优先股股息的支付范围以当年公司的经营利润为限，未支付部分无法累积至今后年度予以补足。累积优先股有力地保障了优先股股东的财产权益，但给公司带来了较为沉重的融资负担；非累积优先股的设置虽相对降低了公司的融资成本，却使得优先股股东的该项权利有受侵害之虞，因为其他股东可能会滥用表决权阻止公司分配利润。也有学者认为优先股具有部分累积形态，即如果公司在某一经营年度内未足额支付优先股股利，一定限度内的部分股息可以累积至下一年度，但对于限度外的股息优先股股东日后不得请求公司补足。①

第二，根据优先股股东在优先获得特定股息后，能否继续参与公司向普通股股东进行的利润分配，可以将优先股分为参与型和非参与型。参与优先股股东不但可以按照事先约定的股息率或计算方式优先获取股利，还可以和普通股股东一起按比例分享剩余利润。但非参与优先股股东可获得的股利范围仅限于事先约定的股息。参与优先股的设置，为优先股股东提供了在固定股息之外获取额外红利的机会，有利于扩大优先股融资规模，但不免对普通股融资造成一定冲击。

第三，根据股息率是否固定，优先股分为股息率固定和股息率可调整两类。前者是指在发行时即确定股息率的优先股，该类优先股通常具有更强的信用保障。后者是指在优先股发行后，股息率可以随银行利率、市场状况、公司经营情况等因素的变化定期调整，这一模式有助于促进公司及内外各方主体之间利益的动态均衡。

第四，根据公司在“有盈可分”的情形下是否必须支付优先股股息，优先股可以分为强制分红型和非强制分红型。前者是指，公司在有足够的、符合法定条件的可分配税后利润时，必须向优先股股东支付股息；后者是指，即使公司产生了足够的、符合法定条件的可分配税后利润，公司仍可以自由选择是否将公司盈余用于分红，这往往使得优先股股东的股息获取极具不确定性。

① 参见郭青青：《类别股的类型化建构及其适用》，载《河北法学》2016 年第 2 期。

（二）利润优先分配请求权的行使

国内学者一般认为，股东行使利润分配请求权须具备两个条件：一是实体条件，即公司“有盈可分”；二是程序条件，即公司存在“有效的利润分配决议”。① 笔者认为，对于优先股股东利润优先分配请求权的行使条件，也应当从这两个方面加以考量。

优先股股东行使利润优先分配请求权的实体条件是，公司存在经营利润，即“有盈可分”。根据传统的公司法观念，股东作为剩余索取权人，只有在公司盈利的情形下才能获得利润分配，“多盈多分，少盈少分，无盈不分”；而在公司经营不善时，股东应当承担运营失败的主要风险。“无盈不分”是资本维持原则的体现，具体而言包含两个层面的要求：一是如若公司经营未获利润，则不得进行分配；二是公司所获利润必须在弥补亏损、提取公积金后仍有盈余，才算“有盈可分”。值得注意的是，优先股股东可获得股息的相对固定性与“无盈不分”的条件并不冲突。亦即，尽管公司章程确定了优先股股东在一定期间内可以获得的股息数额、计算方式，致使该类优先股可分派的股息不必然与公司经营状况相关，但是在公司亏损的情形下，由于“无盈可分”，优先股股东依然无法获得股息支付。

优先股股东行使利润优先分配请求权的程序条件是，公司通过有效的利润分配决议。一般认为，在公司利润分配决议通过后，优先股股东的利润优先分配请求权得以具体化，形成具有债权性质的请求权，从而使该项权利在遭受侵害时具备了可诉性。从请求权的角度来看，抽象的利润优先分配请求权在是否分配利润、具体分配数额等事项上具有不确定性，仅是一种期待权。在利润分配决议经股东会审议批准前，优先股股东仅可以向公司提出按期分红的议案或建议，而无权请求公司支付股息。换言之，抽象的利润优先分配请求权只有在经公司决议确定了具体分配事项后，才能转化为具体的、确定的权利。此时，优先股股东在股

① 参见朱慈蕴、沈朝晖：《类别股与中国公司法的演进》，载《中国社会科学》2013 年第 9 期；李建伟：《法院如何支持股东的抽象股利分配请求——来自 197 份商事裁决书的类型化分析》，载《中外法学》2021 年第 2 期。

息支付方面获得了对公司的债权，取得了“与公司其他债权人相同的地位”[①]，公司无正当抗辩理由不得拒绝履行该项债务。从诉讼救济权的角度来看，在优先股股利分配决议通过前，单纯的股利分配建议议案并不具有可诉性，也不具有可执行性。这或许是因为，一方面，在公司作出有效的利润分配决议前，是否向优先股股东支付股息仍属于公司自治范畴，司法不宜越俎代庖；另一方面，即使公司拒绝分配利润，股东也可以通过其他渠道获得救济。[②] 而在公司利润分配决议通过后，优先股股东就享有了债权请求权，在该项权利受到侵害时可以提起给付之诉，请求法院判令公司根据决议支付股息。

在同时满足上述实体、程序条件后，优先股股东即可行使利润优先分配请求权。此外，为了保障优先股股东的利润优先分配请求权不受侵害，法律还创设了配套的救济机制，例如表决权恢复制度、异议股份评估权制度、股东利润分配请求权之诉等。

（三）利润优先分配请求权和利润分配条款

在我国目前的商业实践中，优先股股东所享有的利润优先分配请求权通常规定在利润分配条款之中。该条款可能出现在股东投资协议里，可能被载入公司章程，也可能两者皆有。值得注意的是，并非实践中所有涉及利润分配的投资协议条款或章程条款都属于本文研究的利润分配条款。具言之，就本文所称的利润分配条款，笔者从如下两方面进行澄清。

一是本文研究的利润分配条款与公司发行的特定类别股份（优先股）相关联，因而不同于“以非类别股份方式实现股东利润优先分配的条款”。[③] 在早期的创业投资活动中，投资双方往往会在投资协议中对公司利润分配作出特别约定，例如某个别投资者在特定条件下有权优先获得公司分红。但此类投资协议并非以创设不同类型股份为目的，有关利润分配的约定内容也不载入公司章程之

① 许德风：《公司融资语境下股与债的界分》，载《法学研究》2019 年第 2 期。

② 参见石少侠：《对〈《公司法》司法解释（四）〉若干规定的理解与评析》，载《当代法学》2017 年第 6 期。

③ 参见刘小勇、周朴雄：《创业投资中类别股份的利用与公司法制的完善》，载《证券市场导报》2011 年第 6 期。

中，因而不属于本文研究的范畴。

二是本文研究的是对优先股股东具有普适性的利润分配条款，由此与定向分红等非普适性条款区别开来。例如，在某案中，涉案公司在未经法定程序的情况下单独向特定股东支付预期红利，未向其他股东分红。换言之，该案中的定向分红条款是针对特定股东个人而非某类别股份持有人，而本文所研究的利润分配条款所创设的是专属于优先股股份持有人的利润优先分配请求权，两者相去甚远。此外，该案中的定向分红是否可以被视为一项股东权利，亦存在疑问。

有鉴于此，作为本文研究对象的利润分配条款是指，与优先股的创设相关联的，普遍适用于优先股股东的，规定其有权向公司主张优先获取利润分配的条款。从形式上看，利润分配条款只有被载入公司章程之后才能获得公司法上的保护。根据《公司法》第144条的规定，公司可以在章程约定特定类别的股份在利润或剩余财产的分配上享有优先顺位；《管理办法》第28条及《指导意见》亦对发行优先股的公司的章程载明事项作出了规定，其中包括发行优先股的具体类型。此外，实践中的利润分配条款也可能出现在股东投资协议之中。但由于投资协议仅在当事人之间产生效力，而公司章程的效力范围及于公司本身及其全体内部人士（股东、高管等），故而将利润分配条款纳入公司章程可以为优先股股东提供更好的保护。从内容上看，利润分配条款应当明确的内容包括：优先股的股息是否固定，股息是否强制分配，未足额支付的股息能否累积，优先股股东如约获得股息后是否可以继续参与分配，等等。而根据《管理办法》第28条的规定，我国上市公司仅能公开发行累积、非参与、股息固定、强制分红的优先股，但作为例外，商业银行可以发行非强制性、非累积性的优先股。

四、优先股股东的剩余财产优先分配请求权

（一）剩余财产优先分配请求权的内容和行使

剩余财产优先分配请求权是指，在公司清算的过程中，相较于包括公司普通股股东在内的其他股东而言，优先股股东有权请求优先获得剩余财产分配。对于

这一概念，可以从以下方面展开阐述。

首先，剩余财产优先分配请求权主要适用于公司非破产清算的情形。公司清算是公司终止的必经程序，而公司终止的原因可以分为破产（bankruptcy）和解散（dissolution）两类。前者是指公司在资不抵债时启动破产程序，历经清算过程后终止法人资格；后者则是泛指除破产外其他事由的发生导致公司法人资格终止，具体又包括自愿解散和强制解散等不同情形。剩余财产优先分配请求权主要在公司非破产清算的语境下适用，因为在破产情形下公司已陷入资不抵债的困境，经历清算程序偿还债务后并无剩余财产可供分配，也就不存在股东行使剩余财产优先分配请求权的空间。

其次，剩余财产是指，公司根据法定强制清偿顺序支付或清偿相应费用后所余下的、可供股东分配的财产。按照现行法律的规定，在向股东分配剩余财产之前，公司财产应当先用于支付清算费用、职工工资和社保、待缴税款和公司债务。[①] 换言之，公司财产是对债权人的总体担保，如若公司未清偿其债务就径自分配剩余财产，公司及直接责任人均会受到相应处罚。

最后，剩余财产分配的优先性体现在，公司应当在向普通股股东分配剩余财产之前，按照事先约定的范围（通常为特定金额加上欠付股息）优先向优先股股东分配财产。按照《管理办法》第6条的规定，在优先股股东之间，公司不得再就剩余财产的分配设置不同的优先次序。因此，如若公司的剩余财产不足以向全部优先股支付约定金额及待付股息，则公司剩余财产应当在优先股股东之间按照持股比例进行分配，此时普通股股东无法获得公司的剩余财产。

剩余财产优先分配请求权是股东享有的“最后一种自益权”，即股东在公司解散后无法再获取投资回报，只能借助该项分配请求权获取公司最后一部分财产性利益。剩余财产分配请求权本应由公司股东平等地享有，但是，基于保护优先股股东投资利益的考虑，法律允许为优先股股东创设在剩余财产分配方面具有优先性的权利。值得注意的是，剩余财产优先分配请求权的赋予必须经由公司章程明确规定，优先股股东并不当然地享有这一权利。除此之外，在公司清算过程中，优先股股东行使剩余财产优先分配请求权还需要满足实质和程序方面的两个

① 参见《公司法》第236条、《企业破产法》第113条的规定。

要件。①

实质要件要求，公司在按照法律要求偿付相应费用、债务后，仍有可供分配的剩余财产。优先股股东作为剩余索取权人，应当劣后于一般债权人受偿，否则公司剩余财产可能被优先股股东瓜分殆尽，从而导致债权人的利益受损。而债权人优先获得债务清偿应当以及时申报债权为前提。如果在公司已清偿全部申报的债权并向股东宣布分配剩余财产后，个别债权人再行提出清偿请求，一般认为，此类债权人只能与股东一同参与剩余财产的分配，不再享有受偿顺位上的优先性，且其可得的分配金额以其债权金额为限。

程序要件要求，公司清算人已宣布向股东分配剩余财产。在清算人宣布向股东分配剩余财产之前，公司的财产仍然是对公司全部债务的担保，优先股股东并不享有向公司请求分配的权利；只有在公司支付相应费用、清理债权债务后尚存剩余财产，且清算人正式宣布向股东分配剩余财产后，优先股股东所享有的剩余财产分配请求权才可以具体化，从抽象的期待性权利转变为债权。

此外需要澄清的是，实践中，为了防止由普通股股东控制的董事会通过某些实质等同于清算的公司交易，排除优先股股东优先分配请求权的行使，股东投资协议中可能约定视同清算（deemed liquidation）条款。例如，股东投资协议将公司并购、出售全部或大部分实质性资产等情形纳入合同所定义的清算事由范畴，约定优先股股东在前述情形下有权要求公司优先向其支付优先清算价格。然而，这些条款实际上是为优先股股东创设了特定情形下的退出权，以保证优先股股东在公司发生重大变更时可以最大限度地收回投资成本、获得保底收益，而并非针对公司终止时剩余财产分配的优先权，故不属于本文讨论范畴。

（二）剩余财产优先分配请求权的请求范围

在公司向股东进行剩余财产分配时，优先股股东有权请求优先分配的财产范围应当根据公司章程确定。实践中，公司章程通常约定，公司应当先行向优先股股东支付特定的金额，该金额可能等同于优先股的票面价值或认购价格，或是在

① 参见刘俊海：《股份有限公司股东权的保护》，法律出版社 2004 年版，第 223-224 页。

上述金额的基础上设置一定比例、附加一定溢价或约定采取其他计算方式。此外，公司章程还可以载明剩余财产优先分配请求权的请求范围包括未派发的累积股息，即除请求公司支付约定的金额外，累积优先股股东还可以要求公司支付历年累计拖欠的股息，公司需一并支付后才能向普通股股东分配剩余财产。概言之，实践中公司章程对于剩余财产优先分配请求权请求范围的约定，大体上包括如下几类：针对有票面价值的优先股，优先股股东的请求范围通常是优先股的票面价值、附加溢价以及应计或累积股息之和；对于无票面价值的优先股，优先股股东的请求范围通常约定为特定数额附加上应计或累积股息。值得注意的是，公司章程中与上述内容相关的条款应当采用明确、清晰的表述。如若公司章程语义模糊，则需要通过法律解释的方法确定条款的内涵。

随之而来的问题是，在公司章程没有作出特殊约定的情况下，优先股股东在公司进行剩余财产分配之时是否有权要求公司优先支付其所拖欠的股息。笔者认为，对此应当分情况讨论。首先，在公司已经作出利润分配决议的情形下，未支付的股息已经具有债权性质，股东当然享有请求公司支付股息的权利。其次，尽管公司未作出具体的利润分配决议，但在公司当年度“有盈可分”的情形下，一般认为优先股股东在公司清算时有权优先要求支付股息，以避免董事会在普通股股东控制下通过公司清算减损原本属于优先股股东的收益。易言之，如果不赋予优先股股东要求支付股息的权利，那么在公司连续多年获利的情况下，公司可能通过一直不分配利润的方式将盈余截留至公司解散之时，从而将原本只由优先股股东享有的利润转移到普通股股东手中，导致优先股股东的利润优先分配请求权变成一纸空文。最后，司法实践中主要的争议在于，在公司过往“无盈可分”的情形下，优先股股东在公司清算时是否有权要求公司支付股息。这一问题主要是针对累积优先股而言的，因为非累积优先股股东仅可就当年度公司未发放的股息请求公司优先支付。另外，根据累积优先股的特性，其股息将在公司持续“无盈可分”的年份里不断累积，如果优先股股东无权在公司清算时要求支付累积股息，那么对于普通股股东而言，解散公司可能比清偿累积股息更有利可图，因此普通股股东可能采用解散公司的方式损害优先股股东利润优先分配请求权的实现。

（三）行权后能否继续参与剩余财产分配

根据优先股股东在获得优先分配后能否继续和普通股股东一同按比例分配余下的剩余财产，优先股有参与型与非参与型之分，前者是指优先股股东有权与普通股股东一同参与公司余下财产的分配，后者则无此项权利。实践中也存在部分参与型的优先股，即优先股股东在优先获得约定的分配金额后，仍有权同普通股股东共同参与余下财产的分配，但优先股股东所获的剩余财产总额不得超过一定限额。对此，公司章程可以就优先股股东是否有权继续参与分配（以及具体如何参与）作出约定，该约定（在不存在其他效力瑕疵的前提下）合法有效。但问题是，如果公司章程对此并未作出明确规定，那么优先股股东在获得事先约定的金额及拖欠的股息后，是否仍有权和普通股股东一同继续参与公司余下财产的分配？

我国法律法规对该问题并未进行明确规定。在美国的司法实践中，多数法院认为，除非公司章程另有约定，否则优先股股东在获得章程约定的优先分配金额（和股息）后，不得继续参与剩余财产的分配。当公司章程授予一类股票对资产的优先性权利时，这项优先性权利将被认为是股票优先性权利的全部，从而排除了任何"更进一步的优先权"；因此可以推断，一个获得剩余财产优先分配请求权的人默示承诺放弃了所有超出该项优先性权利的权利。例如，在具体案件中，美国法院认为，如果某一类股票在清算时被明确地赋予了对公司剩余财产的优先性权利，且公司章程对于任何进一步参与财产分配保持沉默，那么一旦该项优先性权利得到满足，优先股对剩余财产分配的权利即告用尽。诚然，也有少数美国法院持相反观点，认为优先股股东本质上还是股东，有权与普通股持有人按比例分享超额剩余财产。①

笔者认同美国司法实践中的多数观点。首先，优先股本身是一种混合性、折中的证券，其性质介于债券和普通股之间，因此优先股股东所享有的权利应当有别于普通股股东。其次，既然公司章程对优先股股东在剩余财产方面的优先分配

① Ronald T. Schaps, "Preferred Stock – Right on Dissolution in Excess of Preference," *Business Lawyer* 24, No. 24(1969): 1393–1394.

请求权作出了特别约定，也就意味着这一特别规则取代了按比例分配的一般规则，优先股股东在接受其优先性权利的同时默示同意放弃了继续参与分配的权利。最后，从利益衡量角度而言，如果优先股股东无须特别约定即有权在获得约定金额后继续参与剩余财产分配，这将对普通股股东可获得的财产性利益造成重大影响，法律不能让普通股股东实质上承担公司经营的所有风险，却没有得到相应的好处。基于以上三个方面的考量，笔者认为，如果公司章程并未作出明确规定，那么优先股股东在如约获得优先分配的金额和拖欠股息后，不得继续参与公司剩余财产的分配。

五、优先股股东优先分配请求权的立法完善

（一）对我国立法现状的总结和思考

首先，从法律层面来看，我国现行法律虽然未对优先股股东的优先分配请求权作出明确规定，但从《公司法》相关条文中可以窥见，立法对于该项制度呈现越发包容的态势。就利润优先分配请求权，尽管现行《公司法》第 59 条、第 95 条允许对公司利润分配方案进行约定，但尚未明确公司是否可以就利润分配顺序作出特别约定。就剩余财产优先分配请求权，《公司法》第 236 条第 2 款明确了剩余财产的法定强制清偿顺序，但并未对优先性安排作出允许或禁止性的规定。有学者提出，由于公司法本质上属于私法规范，根据“法无禁止即可为”的原则，应当认可股东对于剩余财产的分配顺位作出的特殊约定。①

其次，从行政法规、规章等其他规范性文件层面分析，我国优先股股东的优先分配请求权制度主要散见于《指导意见》《管理办法》等规范性文件以及上交所、深交所的配套实施细则之中。概言之，我国目前有关优先股股东的优先分配请求权的具体规定包括：（1）在利润优先分配请求权方面，优先股股东有权优先获得利润分配，其利润分配应采取现金支付形式，优先股上不得再设定利润分配方面的不同优先顺位，公司章程应明确股息数额、计算方式、参与性等具体分

① 汪青松：《优先股的市场实践与制度建构》，载《证券市场导报》2014 年第 3 期。

配事项，公司长时间不分红时将触发表决权恢复机制等；（2）在剩余财产分配请求权方面，优先股股东有权请求支付约定的金额和欠付股息，剩余财产无法足额支付时，应当在优先股股东之间依据持股比例进行分配，优先股上不得再设定剩余财产分配的不同优先顺位等。①

整体而言，我国有关优先股股东优先分配请求权的现行规范具有如下特征：第一，立法层级较低，欠缺法律层面的规范支持。我国现行法律仅是对于优先股股东优先分配请求权的设置预留了空间，但尚未明确有关具体规则。当下，我国优先股股东优先分配请求权制度主要由规章及其以下层级的规范性文件加以规制，且现行规定不够细致充分。但事实上，优先分配请求权的创设涉及多项公司基本制度，无法仅由规章及以下层级的文件加以规定，且现行规范层级较低也可能导致不同层级的规范相互冲突、衔接不畅。第二，已出台的有关规定监管色彩较重。《指导意见》几乎涵盖了优先股发行的一切条款，第三，相关权利保障和救济机制有待完善。在我国现行规范语境下，如何保障优先股股东优先分配请求权的行使，并在其权利受侵害时提供有效的法律救济途径，尚存在探讨和完善的空间。

（二）对我国现有法律规范的完善建议

笔者建议，从如下四个方面完善我国优先股股东的优先分配请求权制度。

第一，明确法律层面的规范支持，加强相关规范与公司法的制度衔接。笔者建议，在遵循优先股种类法定化的立法模式前提下，允许章程对于优先股的制度细节拥有更多自治空间，使得立法在法律介入与公司自治之间作出权衡。优先股种类法定化原则是指，《公司法》明确规定优先股的常见种类和基本内容并进行公示，以便使公司外部主体了解优先股的相关安排。这一原则的法理基础在于，优先股作为一种股权具有绝对性、对世性，其变动往往牵涉第三方主体的利益以及交易安全，故必须通过法定化确保该项权利正当。在明确优先股种类法定化原则的基础上，笔者建议从法律层面进一步细化章程必须载明的事项；同时，考虑对《公司法》中有关利润分配和剩余财产分配的条文进行修订，增加章程除外

① 参见《管理办法》第6条、第9条、第11条、第16条的规定。

条款，从而赋予公司对于制度细节更多的自治可能，并加强法律规范之间的制度衔接。

第二，灵活优先分配请求权的权利设置，激发优先股的制度活力。在优先分配条款的设计上，《指导意见》规定了优先股在股利分配与剩余财产分配的双重优先要求，即优先股应当同时具备优先分配股利与优先分配剩余财产两方面特征。在此基础上，笔者认为应当将利润优先分配请求权和剩余财产优先分配请求权解绑，推动多种类型优先股的创设与发展，为优先股制度注入新的活力。其次，《指导意见》第5条规定优先股股东无表决权，但实际上优先分配请求权的赋予和表决权是否受限之间并无必然联系。由此，笔者建议，将《指导意见》第5条调整为任意性规定。另外，《指导意见》第10条和《管理办法》第28条对上市公司可公开发行的优先股类型的限制较多，可以考虑将其调整为任意性规则，以便增强商业实践的灵活性。

第三，优化表决权恢复机制，保障优先分配请求权的行使。优先股股东放弃享有表决权是以获得财产性权利上的优先性为条件。在优先股股东没有如约获得股利分配时，如若再不承认其表决权，将会造成股东权利义务失衡。[①] 此外，该机制的价值还在于，防止普通股股东滥用表决权延迟或阻碍公司进行利润分配，从而导致优先股股东的优先分配请求权受损。目前，《指导意见》第6条和《管理办法》第11条均对表决权恢复机制作出了规定，明确表决权恢复的条件是公司在一定期间未按约支付股息，并根据优先股的累积性，规定了表决权恢复的不同持续时间。笔者建议，除表决权恢复的持续时间外，在表决权恢复的条件、起始时间上，亦应对累积型与非累积型优先股进行差异化设置。例如，针对非累积型优先股股东，其表决权恢复机制的触发条件应当更为宽松，以保证股东能及时维护自身权益。

第四，完善优先分配请求权的救济机制，拓展异议股东股份评估权和股东利润分配请求权之诉的适用情形。在实践中，普通股股东很可能利用表决权优势，

---

① 参见沈朝晖：《公司类别股的立法规制及修法建议——以类别股股东权的法律保护机制为中心》，载《证券法苑》2019年第3期；邓可人：《权利平衡视角下利润分配优先权之保护》，载《吉林工商学院学报》2015年第3期。

通过延迟或拒绝通过利润分配决议的方式，使优先股股东的投资期待落空。因此，笔者建议，明确无论在何种类型的公司之中，优先股股东都有权在公司长期不分红的情形下，行使异议股东股份评估权。另外，应当明确优先股股东有权依照有关司法解释的规定，提起强制股利分配请求权之诉。① 特别是，在普通股股东通过提高任意公积金、降低甚至清零公司可分配利润等方式变相剥夺优先股股东股利分配请求权的情形下，应当赋予优先股股东通过强制股利分配请求权之诉获得司法救济的权利。

六、结论

优先股区别于其他类别股的显著特征在于股东在财产性权利上的优先性。作为优先股股东财产性权利的重要组成部分，优先分配请求权主要包括利润优先分配请求权与剩余财产优先分配请求权两项子权利。行使利润优先分配请求权，需要同时满足“有盈可分”的实体条件，以及公司存在“有效的利润分配决议”的程序条件。载有利润优先分配请求权内容的利润分配条款只有被纳入公司章程后，才能获得《公司法》的保护。行使剩余财产优先分配请求权，需要同时满足“存在可供分配的剩余财产”的实质要件，以及“公司清算人宣布分配”的程序要件。在章程未另有规定的情形下，优先股股东有权请求优先分配的财产范围包括约定的分配金额和欠付的股息；而在获得优先分配后，优先股股东不得再继续与普通股东一同参与余下的财产分配。在立法层面，我国目前有关优先股股东优先分配请求权制度主要存在缺乏法律层面的规范支持、强制性规定过多、权利保障和救济机制尚未明确等问题。有鉴于此，笔者提出了明确法律层面的规范支持、灵活优先分配请求权设置、优化优先股股东表决权恢复机制、完善优先分配请求权的救济机制四项建议，以期为我国优先股股东优先分配请求权制度的完善提供参考。

---

① 参见《最高人民法院关于适用〈中华人民共和国公司法〉若干问题的规定（四）》第 14 条、第 15 条的规定。

让与担保破产别除权的认定及其实现路径

苗芷毓*

摘要:《民法典》制度体系下，让与担保的担保权构造渐趋明晰。破产程序中，让与担保权人同样应享有别除权而非取回权。让与担保权人欲享有破产别除权，还需满足完成财产权利变动公示并设定在破产临界期之前两项条件。让与担保别除权在行使过程中，管理人与法院应各自尽到对让与担保债权的审查与确认义务。让与担保债权的利息在破产申请受理时停止计算。标的物毁损、灭失或被征收的，债权人享有代偿别除权。让与担保应与其他担保权位于同一清偿顺位，优先于一般优先权，而在特别优先权与留置权后顺位受偿。让与担保权人别除权的行使同样应受标的物变价中止、管理人统一行使变价处分权的限制。

关键词: 让与担保　担保权构成说　破产程序　别除权

一、引言

让与担保滥觞于古罗马法上的信托，以其设定之灵活与实现方式之便捷在世界范围内得到广泛应用。我国商事实践中亦不乏上述权利义务安排。然而，随着市场环境加速演变，企业进入破产程序之时，当初设定的让与担保财产即成为多方主体角逐的对象。让与担保本身法律构造的模糊与各方主体间截然不同的利益

* 江苏省南京市鼓楼区人民法院法官助理。

诉求使得让与担保债权在破产程序中的实现格外复杂棘手。恰当地处理让与担保在破产程序中的认定与实现问题，在畅通企业退出或重生渠道、推动社会资源合理配置、优化市场营商环境等方面均具有十分重要的意义。

随着《民法典》与《最高人民法院关于适用〈中华人民共和国民法典〉有关担保制度的解释》（以下简称《担保制度解释》）的出台，一方面，其传达的建立统一担保体系的立法导向渐趋明晰，让与担保的担保权构造逐渐尘埃落定；另一方面，当企业进入破产程序后，让与担保权人应行使别除权还是取回权，上述权利应当如何行使、受何限制仍困扰着司法实践。加之学界对让与担保在破产程序中的研究本就较少，又大多聚焦于别除权或取回权之合理性证成，涉及具体行使路径的更是凤毛麟角。本文所要讨论的主题，既是结合民事法律规定夯实让与担保破产别除权之理论根基，更是基于上述结论，结合破产相关实践，对于让与担保别除权如何认定、如何行使、受何限制等方面进行详细梳理，以期为司法实践提供参考。

二、让与担保权人在破产程序中享有别除权

关于让与担保在破产程序中的权利行使问题，学界主要存在取回权说与别除权说两大派系。支持取回权说的学者多倾向于从外观出发，坚持让与担保权人对标的物享有形式上的所有权。① 支持别除权说的学者则更倾向于关注破产语境下让与担保的设立实质，认为应符合权利设定时当事人仅为提供担保的初衷。② 由此可见，取回权说与别除权说之纷争本质上是对让与担保本身法律构造认定之间的分歧。破产法应当承认担保制度确立的担保物权的范围及法律效力，同样应当遵循担保制度框架下担保物权的行使与限制规范。

在让与担保在大陆法系的起源与流变过程中，关于其法律构造主要形成了两种学说，分别为所有权构成说与担保权构成说。所有权构成说的理论基础在于与

① 参见邹海林、常敏：《债权担保的方式和应用》，法律出版社 1998 年版，第 409 页。

② 参见冉克平：《破产程序中让与担保权人的权利实现路径》，载《东方法学》2018 年第 2 期。

第三人的外部关系中，让与担保标的物之所有权发生移转，德国法即采取此种构造；担保权构成说则认为债权人取得了对让与担保标的物完整的担保权，并配套了相应的公示方法，代表国家为日本。[①] 以美国法为代表的功能主义立法模式则另辟蹊径，统一创设了担保权益（security interest）概念，将登记的动产抵押制度与移转所有权类型的担保制度统一涵盖于担保利益之中，即不论动产担保采取何种形式，其设定与效力均适用同样规则。[②] 在统一的担保制度体系中，让与担保的法律构造类似于典型担保。

在让与担保引入我国之初，学说与实践多倾向于认可移转所有权的形式，而将其认定为所有权构造。随着让与担保在我国逐渐发展成熟，越来越多的学者认识到了让与担保的经济实质，转采担保权构造说，以维护各方主体利益的平衡。[③] 笔者亦赞同担保权构成说的观点，理由有两点。

其一，所有权构成说与我国实践现状不符。德国作为让与担保的发祥地，采所有权构造乃基于其独特的社会背景。首先，德国让与担保的标的常常限于动产与债权，在不动产领域并无用武之地。[④] 而在我国，动产、不动产、权利等均可作为让与担保的客体。与多数情况下债务人占有标的物的动产让与担保不同，不动产与权利常常以登记作为物权变动的生效要件，债权人处分标的物得不到合理限制，极易滋生道德风险。其次，在德国特殊的金融借贷体制下，企业往往只从特定的一家银行寻求金融服务，即主控银行（hausbank）。银行通过长期的客户联系掌握借款人主要信息。德国银行的高层人员甚至会在其长期合作的中小企业担任监事，从而对中小企业的决策施加影响，起到防止中小企业任意处分担保物的效果。[⑤] 而在我国，中小企业大多通过民间借贷的方式进行融资，贸然采所有权构造说将为债务人恶意处分担保动产留下制度缺口，甚至引发系统性金融风险。最后，为在不影响制度体系逻辑自洽的前提下平衡各方权益，德国法及判例

① 有关让与担保法律构造的学说演变参见王闯：《让与担保法律制度研究》，法律出版社2000年版，第151-184页。

② 参见龙俊：《民法典中的动产和权利担保体系》，载《法学研究》2020年第6期。

③ 参见高圣平：《动产让与担保的立法论》，载《中外法学》2017年第5期。

④ 参见向逢春：《让与担保制度研究》，法律出版社2014年版，第38页。

⑤ 参见云晋升、彭诚信：《完善我国动产担保的新路径探索（上）》，载《交大法学》2017年第4期。

对传统的让与担保制度作出了多处修补。如为克服过度担保问题，德国判例对担保覆盖价值与被担保债权的比例进行限制①或敦促债权人将超额利益返还②；为避免让与人因过度弱势地位可能遭受的不测，德国法创设了“换位原则”，即债务人破产时，让与担保标的物恢复为破产财产的一部分，债权人所享有的对标的物的所有权转化为别除权。③

其二，担保权构造说更有利于各方主体利益的均衡配置。首先，与我国让与担保标的范围广泛、信贷市场发育不健全的实践现状相适应，最大程度探求当事人间的内心真意、维护交易安全；其次，以让与担保交易外观灵活多样、标的物范围广泛、清算程序经济便捷的优势区别于抵押等典型担保，丰富当事人的自由选择空间；最后，顺应了世界主要国家功能主义立法趋势，对丰富信贷手段、丰富融资贸易起到了重要的推动作用。

我国民事法律规范的演变同样反映了这一趋势。《全国法院民商事审判工作会议纪要》（以下简称《九民纪要》）第71条首次为让与担保“松绑”，肯定了让与担保合同的效力与债权人的优先受偿权。其第2款有关权利实现方式的规定更是传达了债权人对让与担保标的享有担保权而非所有权的裁判立场。经过这一有益尝试，《民法典》第388条第1款在《物权法》第172条的基础上增加了“其他具有担保性质的合同”，充分吸收了功能主义的立法理念，在基本法层面上为以让与担保为代表的非典型担保预留了制度空间。我国立法关于让与担保制度的落地则具体体现在《担保制度解释》第68条规定之中。主要包括以下方面：其一，肯定了让与担保合同的效力；其二，否认了流质条款的效力，代之以债权人强制清算义务；其三，清算方式包括归属清算（折价）与处分清算（拍卖、变卖）；其四，只有完成财产权利变动的公示，方可就让与担保财产优先受偿。《担保制度解释》第68条在法理上与《九民纪要》第31条一脉相承，又以《民法典》第388条、第428条（流质缓和）的规定为背书，进一步传达了让与担保

① 参见［德］M. 沃尔夫：《物权法》，吴越、李大雪译，法律出版社2004年版，第339页。

② 参见［德］鲍尔、施蒂尔纳：《德国物权法》（下册），申卫星、王洪亮译，法律出版社2006年版，第616页。

③ 参见王建源：《让与担保制度研究》，载梁慧星主编：《民商法论丛》（第10卷），法律出版社1998年版，第775页。

权构造的立法态度，廓清了裁判适用。

因此，尽管我国《企业破产法》并未对让与担保权人应行使何种权利作出明确规范，但基于民商事法律体系内部逻辑融贯的需要，赋予让与担保权人破产别除权更符合当事人间真实的民事权利义务归属，有助于打通权利实现的“最后一道关卡”。

三、让与担保破产别除权的认定

根据上文论述可知，让与担保权人享有破产别除权。但这并不意味着所有让与担保在破产程序中均可确定地、无差别地被赋予别除权地位，期间仍需经过民事与破产法律规范的检验。

（一）标的物完成财产权利变动的公示

《担保制度解释》第68条强调了多个担保权竞存时公示的重要作用：未完成财产权利变动公示的，不得就担保财产优先受偿。根据司法机关的有关意见，动产的公示为已完成交付，不动产与股权的公示为已完成变更登记。① 传统的让与担保常因其明显缺乏公示机制、有害交易安全而饱受诟病。该条破除了传统让与担保设置的隐蔽性，向第三人披露了标的物上的权利负担，维护了交易安全，解决了让与担保在信贷市场中广泛应用的后顾之忧。

对于上述规定，笔者的理解如下。其一，公示作为让与担保的生效要件还是对抗要件，《担保制度解释》未作明确区分。有学者指出，应根据让与担保占有的转移与非转移，标的物为动产与不动产进行进一步区分。② 在同采担保权构造说的我国，以上观点仍具有较强的参考价值。结合我国实践发展现状，笔者认为，让与担保在类推适用《民法典》担保制度规定时应当遵循以下原则：标的

---

① 参见最高人民法院民事审判第二庭：《最高人民法院民法典担保制度司法解释理解与适用》，人民法院出版社2021年版，第569页。

② “非占有转移型动产的让与担保属于动产抵押权的构成，非占有转移型不动产让与担保属于附流抵押特约的抵押权的构成，占有转移型让与担保属于质权的构成。”参见王闯：《让与担保法律制度研究》，法律出版社2000年版，第183页。

为不动产时，类推适用不动产抵押规则。标的为权利时，类推适用权利质押规则。标的为动产时，则需进一步区分占有关系以确定准据规范：以占有改定方式设定的，类推适用动产抵押规则；现实移转占有的，类推适用动产质押规则。让与担保的成立与生效条件亦与相应的典型担保类似。

其二，动产的"交付"指现实交付还是包括占有改定的观念交付，值得讨论。现实交付的公示效力自不待言，而占有改定使标的物上的权利负担无法被查知，有损债务人其他债权人的合理信赖，并不适宜作为动产让与担保的公示手段。[①] 相较之下，登记便于第三人以较低成本周知标的物之上的权利负担，有利于维护交易安全。因此，笔者认为，可以将登记与现实交付一同作为动产让与担保的公示方式。除此以外，以登记作为动产让与担保的公示方式还有以下考量：首先，以占有改定方式设定的动产让与担保与动产抵押类似。根据《民法典》第 403 条的规定，抵押权未经登记，不得对抗善意第三人，该规定应同样适用于以占有改定方式设立的动产让与担保。其次，《民法典》删除了《物权法》关于动产抵押登记机构的规定。最后，比较法上不乏先例可循。无论是采功能主义下一元化担保权概念的美国，[②] 抑或同采担保权构造说的日本，[③] 均将登记作为动产让与担保的公示方式，否认占有改定的公示效力。上述立法模式同样为世界多数国家与地区立法所借鉴。[④]

其三，以公示作为对抗要件的占有改定型动产让与担保，破产程序中的普通债权人是否属于善意第三人范畴。《担保制度解释》第 54 条明确将其他破产债权人纳入动产抵押善意第三人范畴之中。根据占有改定型动产让与担保类推适用抵押权规定的思路，笔者认为，占有改定型动产让与担保未经登记，同样不应认定为破产别除权优先受偿，而是作为普通债权处理。

---

① 参见龙俊：《民法典物权编中让与担保制度的进路》，载《法学》2019 年第 1 期。

② 参见高圣平：《动产担保交易制度比较研究》，中国人民大学出版社 2008 年版，第 162-163 页；董学立：《我国意定动产担保物权法的一元化》，载《法学研究》2014 年第 6 期。

③ 日本在 2004 年出台的《关于动产和债权让与对抗要件的民法特例法》中，导入了针对动产让与担保的"登记"公示制度。参见龙俊：《民法典物权编中让与担保制度的进路》，载《法学》2019 年第 1 期。

④ 参见龙俊：《民法典物权编中让与担保制度的进路》，载《法学》2019 年第 1 期；高圣平：《动产让与担保的立法论》，载《中外法学》2017 年第 5 期。

（二）不存在破产法上的可撤销事由

破产程序作为债权债务清理的最终环节，其“终极性”特征决定了优先权的冲突远比非破产程序更为激烈，也为破产债权的认定工作提出了更高的要求。[①] 让与担保权人欲在破产程序中享有别除权，除了完成财产权利变动公示外，还应满足不存在破产法上的可撤销事由这一先决条件。我国《企业破产法》有关破产撤销权的规定主要体现在第31条、第32条之中。学界一般认为，原则上对债务人特定财产享有担保权的债权人可以随时向管理人主张就该特定财产变价处置行使优先受偿权，不受《企业破产法》第32条提前清偿可撤销的限制。[②] 因此，笔者主要基于《企业破产法》第31条的规定展开检验。在第31条列举的五项可撤销情形中，又可具体分为欺诈行为与偏袒性清偿行为两类。前者包括无偿转让财产、以明显不合理的价格进行交易、放弃债权，后者则包括对没有财产担保的债务提供担保与对未到期债务提前清偿。

1. 欺诈行为

让与担保作为“形式上转移财产所有权以担保债权实现”的非典型担保，其在设定的过程中通常伴随以极低的对价买卖财产、甚至无偿转让财产的情况。加之破产程序作为债权债务的最后清理环节，各方主体之利益处在相互竞争的动态博弈之中。[③] 其他破产债权人，尤其是无财产担保的普通债权人更倾向于以无偿转让财产、以明显不合理的价格进行交易为由提起破产撤销权之诉，以撤销让与担保之设定行为，充实债务人可供清偿的责任财产。法院在审理过程中应更多关注让与担保法律关系的担保本质，如所有权的转让只是为了达成担保目的的手段，则让与担保当事人之间仍为借贷关系而非买卖关系，亦不得以欺诈行为为由撤销。

---

① 参见徐阳光：《破产法视野中的担保物权问题》，载《中国人民大学学报》2017年第2期。

② 参见王欣新：《〈全国法院破产审判工作会议纪要〉要点解读》，载《法治研究》2019年第5期。

③ 参见李忠鲜：《论担保权在破产中的别除机制》，载《河北法学》2019年第6期。

2. 偏袒性清偿行为

在涉及让与担保的破产撤销权纠纷中被援引较多的偏袒性清偿行为主要是对没有财产担保的债务提供担保，即事后担保。以占有改定形式设立的让与担保是否构成事后担保的认定较为简单。占有改定型让与担保在合同生效时即告成立。是否登记仅关系到让与担保能否对抗善意第三人，而对其效力无碍。因此，对占有改定型让与担保而言，只要担保合同生效于破产临界期以前，无论何时登记，都不得以事后担保为由予以撤销。

而在以公示作为生效要件的让与担保类型中，则涉及担保合同订立于破产临界期以前，进入破产临界期内方完成财产权利变动的公示，是否属于事后担保予以撤销的问题。以公示作为生效要件的让与担保主要包括不动产让与担保、权利让与担保以及现实移转占有的动产让与担保三种。若严格按照《企业破产法》第31条判断，让与担保生效于破产临界期以内，与事后担保的形式构造完全吻合，理应予以撤销。然而，设立破产撤销权的立法考量在于防止债务人在临近破产之时通过各种方法转移财产、逃避债务，或针对个别债权人进行偏袒性清偿，从而影响全体债权人的利益，破坏破产法的公平清偿原则。① 同时，在设立担保的实践操作中，签订让与担保合同与完成财产权利变动的公示往往不能在一天之内完成，期间通常存在间隔，还可能出现登记机关或不可抗力等原因导致的延误。只要延误在合理期间之内，且当事人不存在破坏公平清偿的主观恶意，则无撤销的必要。有学者提出，应为办理担保物权登记预留合理宽限期间，即使在破产临界期内，只要在合理期间内完成公示，亦可不予撤销，域外许多国家立法即采取了这一模式。② 就登记宽限期间而言，考虑到我国担保登记制度建立时间较短、发展尚不完善的现状，建议可以考虑定为30日至60日。③

---

① 参见李永军、王欣新、邹海林、徐阳光：《破产法》，中国政法大学出版社2017年版，第65-66页。

② 参见王欣新：《论破产程序中担保债权的行使与保障》，载《中国政法大学学报》2017年第3期。

③ 参见王欣新：《论破产程序中担保债权的行使与保障》，载《中国政法大学学报》2017年第3期。

四、让与担保破产别除权的实现

除让与担保的破产法律定位及认定条件外，其在司法实践中的具体行使亦是争议频发。法院或简单类比其他担保权实施“一刀切”，或将过多的裁量权授予管理人，难以从根源上消弭争议。通过对有关实践争议的梳理，笔者试从以下几个方面予以廓清。

（一）让与担保债权的审查与确认

企业进入破产程序后，面对让与担保权人申报的债权，破产管理人、人民法院在审查与确认过程中如何精准识别、合理定位让与担保别除权成为其实现过程中的“第一道关卡”，也是实践中争议频发的领域。因此，笔者认为，法院与破产管理人在让与担保债权的审查与确认程序中应合理分配权责，结合法律关系设定实质进行综合认定，推动破产程序公平、高效、有序进行。

1. 管理人对让与担保债权的审查

根据《企业破产法》第 57 条、《最高人民法院关于适用〈中华人民共和国企业破产法〉若干问题的规定（三）》第 6 条的规定，破产管理人对申报的让与担保债权尽实质审查义务。出于让与担保法律关系的特殊性，应重点针对是否存在担保的主债权、让与担保合同效力、是否完成财产权利变动的公示、担保是否设定于破产临界期内等要素进行核查。让与担保债权人就标的财产主张取回权，而管理人经过审查认定为别除权的，应首先向债权人释明。债权人仍坚持的，可向法院提起破产取回权之诉。其他债权人对债权表记载有疑义，经管理人释明或调整后仍坚持疑义的，同样可向法院提起诉讼。法院生效文书确定的债权，管理人应予确认，并将编制的债权表提交第一次债权人大会核查。

2. 法院对让与担保债权的确认

《企业破产法》第 58 条第 2 款规定：“债务人、债权人对债权表记载的债权无异议的，由人民法院裁定确认。”关于人民法院作出确认裁定前是否应对债权表进行审查，立法并未作明确规定。但实践中，不少法院倾向于采取直接裁定确认的模式。此种模式或适用于债权债务关系简单，企业规模较小的破产案件。但随着市场经济的变化，各种非典型担保形态不断涌现。越来越多企业进入破产程序时，担保之债几乎覆盖全部破产财产。法院径行裁定确认与将确认权交予管理人无异。管理人工作失去监督，既可能滋生道德风险，亦会搁置争议，阻碍破产程序公平顺利进行。因此，笔者认为，人民法院应对管理人编制的债权表进行形式审查，即根据债权表上记载的事项对申报债权的数额、担保财产、是否超过诉讼时效期间、是否超过强制执行期间等情形加以核准，而不涉及具体事实的查明与法律关系的认定问题。在对管理人形成有效监督的同时避免因周全细密的实质审查而造成破产进度的不合理拖延。

（二）让与担保别除权的优先受偿范围与顺位

1. 让与担保债权自破产申请受理时停止计息

根据《民法典》第389条的规定，担保物权的优先受偿范围包括主债权及其利息。同样地，让与担保在破产申请受理前的利息应以标的物价值为限优先受偿，这点通常毋庸置疑。学界与实践的争议主要集中在对《企业破产法》第46条的理解上，即包含让与担保在内的担保权是否同样适用附利息的债权自破产申请受理时起停止计息的规定。笔者认为，尽管破产法应尊重非破产法确定的权利，但破产程序的终局性决定了各方主体利益得到妥善安置、企业畅通退出市场成为不可回避的重要价值。此外，继续计息将造成管理人工作量与争议陡增，阻碍破产程序的正常推进。因此，采停止计息之立场更符合我国破产实践。

除此以外，无论是《担保制度解释》有关规定抑或最高人民法院公报案例中传达的裁判导向，都采取了停止计息立场。《担保制度解释》第22条明确传达出担保权自破产申请受理之时停止计息这一立法信号。最高人民法院在黑龙江某投资集团有限公司与某钢铁集团有限公司、第三人刘某平民间借贷纠纷案判决书中亦将破产申请受理作为让与担保停止计息的关键节点。尽管学界争议尚未消弭，但《担保制度解释》与公报案例对我国破产实践起到了指引作用。

2. 让与担保权人享有代偿别除权

《民法典》第390条对担保人的代偿物上代位权作出规定。一方面，别除权只是担保物权原有之效力与作用在破产法上的确认，破产法应尊重非破产法确定的权利；[①] 另一方面，担保权人就代位财产优先受偿并不使债务人企业可供清偿的破产财产受到减损，与其他破产债权人的集体平等受偿无碍。因此，尽管《企业破产法》中并无担保权人应享有代偿别除权之规定，担保权人仍可依据《民法典》第390条的规定主张就代位财产优先受偿。让与担保在我国立法上的构造属于担保权，适用典型担保的有关规定，《民法典》第390条亦在此间，让与担保权人在破产程序中亦应享有代偿别除权。

3. 让与担保别除权的优先受偿顺位

在我国《企业破产法》中，可就债务人全部或特定财产优先受偿的主要包括一般优先权、特别优先权与担保权三类。一般优先权主要包含劳动债权与税收债权。特别优先权则来源于《民法典》《海商法》《民用航空法》等法律的特殊规定，包含国家对划拨土地使用权出让金的优先权、建设工程价款优先权、船舶优先权、航空器优先权等。[②] 两者最主要的区别在于标的不同：一般优先权的标的为债务人的一般财产；特别优先权的标的则为特定财产。[③] 特别优先权与担保权一同构成了破产别除权的权利基础。在担保物权与法定优先权竞存时，在法律没有特殊规定的情况下，一般优先权并不能优先于别除权。特别优先权则可以因法律的特殊规定优先于担保权受偿。

而当同一标的物上竞存多项担保权时，应按照《民法典》关于担保权优先顺位的规定处理。一般来说，留置权优先于其他担保物权受偿。[④] 其他担保物权又包括抵押、质押及其他在破产程序中享有别除权之非典型担保。本文讨论的让与担保即在此列。同一标的上竞存的担保物权之间，依公示之先后确定顺位。因此，让与担保在破产程序中的优先顺位可归纳为“特别优先权—留置权—其他担保物权（其中包括让与担保，公示在先者优先受偿）——一般优先权”。

---

① 参见［日］石川明：《日本破产法》，何勤华、周桂秋译，中国法制出版社2000年版，第80页。

② 参见汪铁山：《论破产别除权的权利基础及其裁判规则的选择》，载《南京社会科学》2015年第3期。

③ 参见汪铁山：《论破产别除权的权利基础及其裁判规则的选择》，载《南京社会科学》2015年第3期。

④ 参见《民法典》第456条的规定。

（三）让与担保权人别除权实现的限制

1. 时间的限制：让与担保标的物变价的中止

《企业破产法》第75条第1款规定确立了破产重整程序中担保物权变价中止的规则，但关于该规则在和解与清算程序中是否同样适用则未置可否。笔者认为，破产和解程序作为一种非强制性的协商程序，自无须受到担保权变价中止规则的限制，破产清算则不然。从学理上说，《企业破产法》第75条的立法价值在于，如果没有类似制度，债权人会在债务人（濒临）破产时竭力抢夺和瓜分其现存财产而忽略债务人企业的继续经营价值，产生所谓“公共池塘”问题。① 此种考量在破产清算程序中同样适用。一般来说，债务人用于担保的标的物通常与债务人企业的其他财产存在着重要的牵连关系。中止担保权的个别行使有利于管理人选择适宜的时机对担保财产进行整体出让，从而充实债务人可供清偿的破产财产，实现整体受偿利益最大化。以不动产让与担保为例，实践中不动产让与担保标的通常为一幢建筑中的若干单元。显然将整幢建筑打包出让较按单元逐一出售可以获得更高的经济利益，也大大降低了管理人的工作量，有利于推动整个破产程序迅速有效进行。法院在实务操作中也多有支持此观点者。②

有关标的物变价中止的适用条件，《企业破产法》针对破产重整程序采取了中止措施自动适用的模式。笔者认为，从我国既有法律规定与破产实践发展现状出发，破产清算程序中同样采取自动中止模式为宜。但在中止期限、救济措施等方面仍需作出补充性质的规定，以平衡各方利益。

至于担保物变价中止规范是否同样适用于让与担保，学界存在不同声音。有学者提出，凡是转移占有会致使债权人失去担保权的担保方式，均不得适用变价

---

① 参见许德风：《论担保物权在破产程序中的实现》，载《环球法律评论》2011年第3期。

② 参见程顺增：《论破产清算中担保物权实现的限制——以民法体系下实现之不同为视角》，载王欣新、郑志斌主编：《破产法论坛》（第十辑），法律出版社2015年版，第280-281页。

中止的规范。[1] 在上述逻辑框架下，不动产、股权让与担保转移登记，现实交付型动产让与担保转移占有均会导致债权人担保权的灭失，故无须适用担保物变价中止的规范。笔者不赞成上述观点，理由有三点：其一，破产程序的价值并非仅在于保证别除权人充分受偿，更在于实现债权人整体受偿利益最大化以及企业的继续经营。担保物变价中止规范在实现资产打包出售以及保证企业继续经营的同时并未减损别除权人的实际受偿金额，在实践中值得鼓励。其二，破产程序开始后管理人会对各债权人申报的担保权编制债权表并交法院裁定确认，并不会造成"债权人失去担保权"的结果发生，上述担心并无依据。其三，"区分原则"的适用不仅会造成同一清偿顺位的其他担保权人抵触，无形中也会增加破产管理人的工作压力，不利于破产程序公平、顺利的展开。因此笔者认为，无论是何种类型的让与担保，均应与其他担保物权一起平等适用担保物变价中止的规范。

2. 主体的限制：让与担保标的物变价的主体一般为管理人

在担保物变价主体上，《企业破产法》并无明确的规定。笔者认为，我国应以管理人享有担保物变价权为原则，原因如下：其一，担保权人之诉求仅在于保证变价款足以覆盖其债权，并无最大化担保物变现价值的动机。其二，实践中大多数担保财产由破产企业实际占有，由管理人行使变价权操作上更加便利。其三，将变现权收归管理人统一行使更有利于实现关联资产打包出售，扩大变现价值。其四，担保人的变现能力参差不齐，而管理人通常由律师事务所、会计师事务所、破产清算事务所等机构担任，与大多数担保人相较专业性更强。同时，管理人经人民法院许可，还可以聘用必要的工作人员协助担保财产变现，更有利于实现变现价值最大化。然而，以上原则亦存在例外：其一，破产法应尊重管理人与担保人间的个别约定，将变价权交与担保人更有利于担保财产变现的，理应承认约定的效力。其二，由担保人实际占有的动产，因与其他担保财产联系疏远，管理人变现成本又较高，故交与担保人自行变现更为便宜。管理人欲取回上述担保财产的，应依《企业破产法》第 37 条第 1 款的规定处理。其三，特殊担保的

① 参见徐阳光：《破产法视野中的担保物权问题》，载《中国人民大学学报》2017 年第 2 期。

变现，应斟酌担保物的实际控制而确定变现权的归属。[1] 其四，由担保人享有变现权时，管理人及法院应对其变现行为进行有效监督，防范折价行为以及道德风险的发生。

就让与担保而言，原则上标的物变现权同样应交给管理人行使。现实移转占有型动产让与担保应参照动产质权的有关规则，由担保权人自行变现。除此以外，笔者认为，不动产让与担保亦应考虑实际占有情况综合认定。担保人在完成不动产所有权登记同时对不动产实际占有、使用的情形下，管理人完成变价成本较高，对担保人生产生活亦会带来较大的不利影响，更宜由担保人而非管理人实施变价。管理人出于整体出让的需要欲取回该不动产的，应参照适用《企业破产法》第 37 条第 1 款之规定。在让与担保的变价方式问题上，笔者认为，即使在破产程序中，同样应当发挥让与担保变价灵活、清算便捷之制度优势。管理人可通过司法拍卖的方式变现，也可在日常交易的框架下实现。当让与担保合同本身包含归属约定，抑或与担保权人协商一致时，管理人甚至可以选择以市场公允价格为标准，通过由担保人返还差额后转移担保物所有权的方式完成担保财产的变现，推动破产程序顺利、有序、高效进行。

五、结语

让与担保产生于信贷市场的融资需要，是在实践中发展成熟的非典型担保类型。近年来，有关让与担保的法律纠纷呈现高速增长的态势，《民法典》及《担保制度解释》也在不断完善。然而，让与担保在破产程序中的实现路径尚不成熟，不同法院对让与担保应在破产程序中行使别除权还是取回权问题上各执己见，涉及让与担保债权人行权的条件、范围、顺位等的说理更是凤毛麟角。笔者认为，明晰让与担保在破产程序中的行使路径对实现民商事法律规范间的融贯、统一司法裁判进路都具有十分重要的意义。

在具体条文设置上，由于《民法典》未将让与担保纳入其具体条文中，不

① 参见许德风：《论担保物权在破产程序中的实现》，载《环球法律评论》2011 年第 3 期。

可否认的是让与担保入典与严格物权法定、刚性流担保禁止的规定尚存在形式上的抵触。与此同时，《企业破产法》有限的篇幅难以穷尽所有的非典型担保。因此，笔者认为，可以尝试通过破产法司法解释的方式予以明确。如此不仅能够实现与《担保制度解释》之间的联动，在条文设置上也更具有针对性，在司法实践中更易于操作。除此以外，此次《企业破产法》修订还应推动担保权在破产程序中行使规则的完善。

新秀风采

xin xiu feng cai

商业医疗保险欺诈的认定与法律责任

——以吉林省多家投保案件为视角

潘思豫*

摘要：保险行业与互联网大数据的迅速发展，使得实践中对于商业医疗保险欺诈的认定与裁判分析的要求进一步提高。本文以吉林省新型保险欺诈中多家投保这一类型的保险案件为出发点，分析商业医疗保险中保险欺诈的问题。通过对保险这一金融支柱产业的行业实践与案例裁判思路进行分析，阐明其民事、行政、刑事法律责任的厘定方法，并鉴于刑法的谦抑性，建议对商业医疗保险欺诈的主体进行统一，提出层级递进裁判思路与防范方式。

关键词：保险欺诈　多家投保　法律责任

一、问题的提出

保险行业作为社会的稳定器、金融的助推器，一直在社会实践中起着举足轻重的防范风险的作用，然而在保险行业迅速发展的同时，一些投机分子也在商业

* 吉林大学法学院博士研究生。

医疗保险中发现了“商机”。商业医疗保险欺诈的存在，削弱了商业医疗保险的社会实效，浪费了医疗资源，影响保险市场健康发展。① 多家投保案件中的新型保险欺诈行为屡屡发生，但由于保险欺诈的定位与法律责任不明确，将该种行为定位为诈骗还是欺诈，以民事法律抑或刑事法律来规范成了审判的困境。针对于此种现状，笔者以多家投保“保险欺诈”为案由在聚法案例、中国裁判文书网的“本院认为”项下进行检索，从 2019 年 1 月 1 日至 2022 年 6 月 28 日，共得到 432 篇相关文书，研究发现，多家投保的案件数量不断上升。在这些文书中，吉林省的案件数量达 91 例。为此。本文以吉林省多家投保中的典型案件为视角，分析法院的裁判思路并分析商业医疗保险欺诈的定位困境。

在（2017）吉民申 813 号中国某人寿保险股份有限公司松原中心支公司与丁某某保险合同纠纷再审审查民事案中，保险公司称丁某某在明知自己有疾病（甲状腺结节）的情况下未如实告知保险公司，违背了诚信原则，且多家投保，构成欺诈。法院认为，多家投保行为并不属于法律禁止的行为，保险属于射幸合同，丁某某虽有多家投保的行为，但该行为与结果之间不存在因果关系，且保险公司附有举证其明知的义务，因此，丁某某不构成保险欺诈，驳回保险公司的请求。

在（2019）吉民申 1266 号张某某与中国某人寿保险股份有限公司辽源市分公司（以下简称某人寿保险公司）健康保险合同纠纷再审审查民事案中，面对多家投保的投保人，法院判决可以法定解除合同，并认为本案中张某某对同一保险标的签订多份保险合同，属于重复投保，且未将投保人身保险情况告知保险人，足以影响某人寿保险公司决定是否同意承保或者提高保险费率，因此某人寿保险公司有权解除合同并拒付保险金。不过本次判决并未以保险欺诈或者保险诈骗定性。

从其他省份的裁判中，也可以看出一些裁判思路。在河南省新乡市张某某保险诈骗案中，张某某投保前隐瞒妻子患肝癌的事实，短期多家投保、只买重疾和医疗险，在证据链条翔实、就诊记录明确的情况下，法院认为被告人张某某在明知其妻患肝癌的情况下隐瞒事实真相，以非法占有为目的，虚构保险标的骗取保

① 参见李海澈、张军、王春鹏：《商业医疗保险欺诈的危害与法律规制——以投保方欺诈为关注点》，载《长白学刊》2018 年第 6 期。

险金，数额特别巨大，其行为构成保险诈骗罪，对其判处有期徒刑五年，并处罚金人民币 2 万元。

从上述个案可见，对于同类型多家投保的医疗保险是欺诈还是诈骗抑或并不属于违法行为，法院在不同案例中有不同定性。欺诈是健康保险道德风险的一种极端表现形式。① 保险欺诈的定性过程中无论是主体构成因果关系上，还是责任承担上，都会因为法律规定的不明确，造成审判的区分，刑法的谦抑性也会使得对于证据的要求、因果关系的明晰成为重点。由于医疗保险欺诈行为并不容易举证并找到行为的关联性，因此，“指导多家投保”的“黄牛”也越来越多。随着人寿保险的发展及商业医疗保险的升温，少数不法分子看中商业医疗保险这块“肥肉”，将黑手频频伸向商业医疗保险公司，保险欺诈行为越演越烈。② 他们不属于保险欺诈、诈骗的主体，且多家投保难以轻易地被认定为违法行为，导致金融环境的和谐与稳定受到了威胁。由此可见，明确多家投保中保险欺诈的概念与法律责任，是稳定金融环境的重要前提之一。

二、审视：商业医疗保险欺诈的困境分析

（一）保险欺诈与诈骗法律法规规定重合模糊

保险诈骗罪的主体、主客观要件等基本问题已经较为明确，然而，在商业医疗保险案件中出现的多家投保情况无法明确厘定为保险欺诈抑或保险诈骗并不是因为刑事法律条文本身，而是在司法实践中，行业和适用出现了法律法规规定的重合模糊以及二者概念的混同使用。

根据原中国保监会发布的《反保险欺诈指引》第 3 条第 2 款的相关规定，保险欺诈是一种以保险为名牟取非法利益的行为，这种行为可包含保险诈骗的定义。与此同时，条款中进一步指出保险欺诈风险是欺诈者在欺诈活动的实行过程

① 参见姚奕、孙祁祥、林山君、范庆祝：《健康保险道德风险防范研究——以商业健康保险欺诈为例》，载《经济研究》2020 年第 6 期。

② 参见张志军：《道德风险骤增 大病保险受宠》，载《上海保险》1999 年第 4 期。

之中，给保险当事人、保险行业以及社会公众造成的经济乃至其他损失的风险。[①] 另外，所谓保险欺诈类诈骗的说法也出现在原中国保监会发布的《关于加强反保险欺诈工作的指导意见》中。该意见列举了保险欺诈的不同行为方式与种类，以保险合同和诈骗行为存在与否这两个要件来认定是否构成保险欺诈类诈骗。从保险行业监管的角度看，在保险行业的普遍认知与约定俗成中，保险欺诈的定性与概念涵括了保险诈骗，而欺诈与诈骗是民法与刑法两种不同法律规范的定位用词，《刑法》《保险法》更是仅将保险诈骗作为指定的规范用词，保险监管行业对于保险欺诈、保险诈骗的混淆错位用词，使得保险实践受到影响。在这种情况下，一方面是对于欺诈限定为保险金诈骗类欺诈行为，立法层级不高但是在行业内普遍适用的行业规则，另一方面是在实施主体和概念界定上非常明确严苛的《刑法》《保险法》，实际审判过程中，很难将保险诈骗的证据收集完整，也鲜少能证明投保人主观的故意，可见，以保险诈骗定罪的情况较少，相比较欺诈行为在认定上慎之又慎。因此，在同一医疗保险欺诈行为发生时，不同条文的适用重合模糊给保险行业实践以及裁判造成了困难。

（二）保险欺诈的构成定性不明

实际上，在2009年《保险法》修订之后，《保险法》第176条的“保险欺诈活动”就已经沿用并改成了《刑法》中诈骗的概念，并改称“保险诈骗活动”。但是，刑法诈骗活动中，对于主体构成、行为方式以及行为的危害程度认定非常严格，且主体范围仅围绕投保人、受益人、鉴定人等；保险法中的诈骗活动主体则扩大到了保险公司以及保险代理人等。在主体构成上，保险法中的诈骗显然突破了刑法诈骗的概念。由此在法院的审判中，通常因为主体不适格，而无法真正以诈骗定罪，而这一行为实质上与保险欺诈类似，但保险欺诈的后果仅为认定保险合同的无效或者可撤销，并无实质的惩罚性后果。在新型医疗保险欺诈行为中，多家投保的投保人大部分有保险代理人以及医务人员的“指点”。这些钻法律空子的“指点者”却因为不符合主体构成要件无法受到应有的审判，同

① 参见李海澈：《商业医疗保险欺诈构成要件及法律责任分析》，载《中国卫生法制》2018年第5期。

时，由于保险欺诈、诈骗的定性不明与混同，因果关系的证明上要求方向相反，在刑法严苛的因果关系证明中，由于证据取证艰难，很多违法的多家投保行为甚至无法被认定为欺诈，从而无法认定保险合同无效或者可撤销。因此，诈骗、保险诈骗、保险欺诈因为主体、因果关系与概念定位的不明确与混同，使得司法机关无法援引保险诈骗罪相关条文将欺诈者定罪，哪怕欺诈的定性也认定困难。

三、定位：商业医疗保险欺诈的构成要件与法律责任

（一）商业医疗保险欺诈的构成要件

1. 主体构成

对于保险欺诈与保险诈骗，学者们通常将其以民法与刑法范畴不同来进行区分，而实质上，欺诈虽然具有民事行为性质，但并不代表其在商业医疗保险欺诈行为中仅具有民事行为性质。保险欺诈与诈骗在术语中的混同，一定程度上反证了其本意的相同。① 从行为构成要件上看，狭义的保险欺诈与保险诈骗并无不同。因此，笔者在对这种新型保险欺诈重新定性时，倾向于将保险欺诈行为与保险诈骗不作主体的区分，而是根据主观恶意大小、危害行为严重程度、因果关系紧密性进行层级划分，使其分别归属于民事、行政、刑事法律调整。②

保险欺诈与保险诈骗本质差异的出现来源于主体的区别，因此，保险欺诈的主体与保险诈骗的主体统一，在一定程度上可以有效规范行业内外的保险活动参与者。也就是将保险欺诈的主体扩大到一般主体，包括投保人、被保险人、保险代理人、鉴定人、医疗人员以及与欺诈行为相关的人员等，在根本上解决保险欺诈概念的模糊与混淆问题。

2. 主客观构成要件

从主观构成要件来进行分析，则要对于投保时或者索赔时的故意进行厘清。

---

① 参见温培霖：《保险诈骗罪主体的立法界定》，载《中国保险》2019 年第 2 期。

② 参见李玉泉、乔石：《保险欺诈主体的构成与法律责任》，载《保险研究》2021 年第 11 期。

在商业医疗保险的欺诈故意中，投保人的如实告知对核保和理赔具有重要意义，没有在如实告知环节尽到最大诚信义务是主观上具备欺诈故意的要求，具体到实践中包括曾患有相关疾病但进行隐瞒，已经在医疗机构中检测到患病、属于潜伏期病症却未如实说明，没有疾病但是协同医务人员捏造证据想要索赔等均可定性为主观故意。[①]

从客观构成要件来进行分析，则要对于投保时以及索赔时是否虚假地制造了可以投保或者可以索赔的条件，形成符合投保条件的假象进行排查。具体到实践中包括在商业医疗保险投保审查过程中，对自己健康情况等体征询问的勾选上，失实勾选则构成隐瞒，或者在医疗人员和造假团伙的帮助下伪造病历与票据，均会构成欺诈的客观条件。

3. 因果关系及危害程度

构成欺诈要求被欺诈者因诱使而陷入错误，作出有利于欺诈者的意思表示，即欺诈手段与被欺诈者的错误认识具有因果关系。在商业医疗保险中应该表现为，保险人因欺诈诱使对患病风险或疾病事故陷入错误认识，并作出与真实认知完全相悖的承保或理赔决定。[②] 危害程度则是以行为人欺诈对保险公司以及整个社会的金融稳定造成影响与损失的不同程度来判定，具体即涉及法律责任的划分。[③]

（二）商业医疗保险欺诈的法律责任

在保险欺诈的法律责任规范上，英国在2015年《保险法》修改中作出了更加明确的规定，其规定对我国商业医疗保险欺诈法律责任的厘清有一定的启示。英国法律委员会建议骗赔即保险欺诈，但其后果不应具有追溯性，即对被保险人的欺诈性索赔，保险人不承担责任而且有解除合同的权利，但上述行为并不影响保险合同期前期的效力。

另外，英国普通法中明确了五种骗赔的行为。第一，没有实质性的损失，但

---

① 参见林荫茂：《保险诈骗犯罪定性问题研究》，载《政治与法律》2002年第2期。

② 参见李海澈：《商业医疗保险欺诈构成要件及法律责任分析》，载《中国卫生法制》2018年第5期。

③ 参见王立志：《被保险人自残后骗取保险金行为定性之困境及因应——兼论保险诈骗罪罪状设计》，载《政治与法律》2012年第3期。

被保险人进行索赔。第二，被保险人故意造成保险标的的损害，再向保险人索赔。第三，被保险人遭受了真实的损失，但随后又编造了一些没有发生的损失向保险人索赔。第四，被保险人遭受了真实的损失，但夸大了损失的金额。第五，被保险人隐瞒保险人对索赔的辩护。

修改后的英国法律对保险骗赔的处理分两步：首先，按照普通法来判定保险索赔是不是欺诈性的索赔；其次，若确定为骗赔，则根据 2015 年《保险法》第 12 条来处理骗赔的后果。其第 12 条的规定强调："如果被保险人根据保险合同提出欺诈性索赔，保险人不负支付赔款的责任，如果保险人对此项索赔已经支付了任何的款项给被保险人，保险人可以向被保险人追回这些赔付，另外保险人可以通过通知被保险人，使合同自欺诈行为发生之时起终止。"结合英国对于保险欺诈行为的规定可以看出，针对于保险欺诈行为，英国是以民事责任为主进行责任承担的。在我国的法律体系内无论采取"民刑分开"，还是"先民后刑"，本质问题在于根据不同部门法律的规定确定责任。

1. 民事责任

与保险欺诈行为有关的民事责任主要包括保险公司可以解除保险合同、不承担保险赔偿责任，构成保险欺诈的被保险人或者受益人返还保险公司赔偿的保险金，保险欺诈实施人对保险公司以及保险消费者承担赔偿责任，等等。虽然实践中刑事责任和行政责任具有明显的惩罚性，但民事责任更强调补偿性。①

在审判实践及法律规定中，保险欺诈所构成的民事责任具体情形主要分为两种。第一种是保险合同无效情形下的民事责任。《民法典》第 153 条规定："违反法律、行政法规的强制性规定的民事法律行为无效。但是，该强制性规定不导致该民事法律行为无效的除外。违背公序良俗的民事法律行为无效。"因此，当保险欺诈的行为危害已经严重对保险行业乃至社会稳定产生影响时，就已经违反了《刑法》的相关法律规定，构成保险诈骗罪。这种情况的出现，是刑事附带民事责任，因而在赔偿问题中，保险欺诈因违反公序良俗和强制性规定而使保险

---

① 参见李玉泉、乔石：《保险欺诈主体的构成与法律责任》，载《保险研究》2021 年第 11 期。

合同无效。[①] 在此种情况下，保险公司将不再承担赔偿责任，并且，在发现欺诈前已经支付保险金的，可以请求返还。另外，由于欺诈的主体在主观上具有恶意，欺诈实施者还应该对于保险公司因保险欺诈产生的相关费用进行赔偿。第二种是保险合同解除情形下的民事责任。根据《保险法》第 161 条、第 165 条的规定，如果商业医疗保险的欺诈行为不构成刑事意义上的犯罪，保险行业监管机构可以对行为人进行行政处罚。而在审判实践中，当保险欺诈情节并没有严重的危害后果发生时，欺诈主体通常可免受行政处罚，应当特别优先适用《保险法》。[②]《保险法》第 27 条规定了投保人、被保险人或者受益人谎称发生了保险事故，故意制造保险事故，伪造、变造有关证明、资料或者其他证据，编造虚假的事故原因或者夸大损失程度等情形下的民事法律后果。因此，保险欺诈行为的民事责任首先应依据《保险法》的规定来认定，即保险公司有权解除保险合同，不承担保险赔偿责任且不退还保险费。如保险公司已经履行赔偿责任，被保险人或受益人应当返还。与第一种情况相似的是，如果保险公司以及中介机构在医疗保险欺诈行为中由于调查等原因进行了合理支出，欺诈当事人应当予以赔偿。

2. 行政责任

商业医疗保险的欺诈行为中行政责任实质上在于成为民事责任与刑事责任之间的衔接和过渡。通过对多家投保的案件进行分析，可以发现这种保险欺诈已经出现团体化、专业化趋势，甚至不乏专业的造假黄牛团队，“指点”被保险人、投保人进行保险欺诈行为。因而为了避免同类案件出现不同处罚标准和依据，笔者建议将保险欺诈行为的行政处罚主体也进行扩大。除去《治安管理处罚法》的行政处罚，保险欺诈行为的行政责任认定主要依据《保险法》第 161 条、第 165 条、第 174 条的规定，即投保人、被保险人或者受益人实施保险诈骗活动，不构成犯罪的，依法承担行政责任；保险公司及其工作人员、保险中介机构及其从业人员实施保险欺诈行为的，承担行政责任。具体来说，除保险机构及其从业人员以外的保险欺诈实施者，如构成犯罪，则承担相应的刑事责任；如尚未构成

① 参见于海纯：《保险人撤销权：保险法中的一个制度选择及其合理性追问》，载《中国法学》2020 年第 4 期。

② 参见王利明主编：《民法》，中国人民大学出版社 2020 年版，第 45 页。

犯罪，则由保险行业监管机构处以行政处罚。保险机构及其从业人员具有了解并遵守保险市场相关法律法规和监管规则的义务，如参与保险欺诈活动，主观恶意更大，即使承担了保险诈骗罪的刑事责任，保险行业监管机构仍可以基于市场从业者的身份对二者作出相应的行政处罚。

3. 刑事责任

商业医疗保险欺诈行为涉及刑事责任时，应当以《刑法》中保险诈骗罪的规定进行归责与量刑。[①] 而在《刑法》中构成犯罪的，在责任承担时主要有两种主体，一是被保险人等保险利益相关人，二是保险代理人、医疗人员以及专业造假团队等。但是如前文所述，将保险诈骗与保险欺诈的主体扩大到一般主体，并进行统一规范才能使保险欺诈的审判更加公正，因此，关于刑事责任，重点则落在商业医疗保险活动中主观的故意和客观行为所造成的危害结果上，在依照统一量刑标准的情况下，进行刑事惩戒。

四、化解：商业医疗保险欺诈的裁判思路与防范

（一）商业医疗保险欺诈的裁判思路

如前文所述，在多家投保案件中，保险欺诈主要涉及三种后果：一是民事责任。按照《民法典》《保险法》规定，有欺诈的证明时，合同无效或者可撤销，不退还保费或者拒赔。二是如果行为更加严重，涉及保险公司代理人与“黄牛”形成产业链条，上升到行政责任。三是上升到刑事责任。刑事责任的重点是骗取保险费，非法骗取他人财物的故意是主观意图，故意在证明上比较难，必须有外在客观的因素才能辅证定罪。从现在发生的案件来讲，有一些线索规律可循，但很明显，从保险合同违反如实告知义务的民事角度更容易对保险欺诈行为进行规范。

保险欺诈的定性是为了解决对低于保险诈骗程度的违法行为，无法取证情况下减少损失的问题，有学者认为保险欺诈应该与保险诈骗统一用词，但保险欺诈

① 参见张明楷：《保险诈骗罪的基本问题探究》，载《法学》2001 年第 1 期。

与保险诈骗有着本质的区别，司法机关在实践中针对刑法谦抑性原则、量刑适当原则的考量就决定了二者不能混同用词，因此，保险欺诈程度承担民事责任，而何种程度上升到行政责任和刑事责任需要重点关注。

综上所述，审判多家投保案件过程中，笔者建议采取民事、行政、刑事的责任主体统一，即保险当事人、保险代理人、鉴定人、参与欺诈的相关人员等均可成为欺诈抑或诈骗的主体，而法律责任则以层级递进的方式进行裁判，使裁判结果更具有统一性。

当第一层级民事责任承担中的第一种情形出现，即由于欺诈违反强制性规定，保险合同无效的民事责任。当发生未如实履行告知义务违反公序良俗的情形，判定保险合同无效，保险公司不需进行赔偿，并且投保人应适当赔偿保险公司的损失。但根据犯罪活动中的主观恶意大小与客观行为的危害程度，未触犯到保险诈骗的刑事责任时，上升至第二层级，对实施欺诈者包括行业人员由保险行业监管机构进行行政处罚。若构成犯罪，并有翔实的证据链佐证的，进行相应的刑事惩戒，适用保险诈骗罪的量刑标准，在此不深入讨论民事附带刑事等情况，仅从程度进行一个层级划分。

当第一层级民事责任承担中的第二种情形出现，即欺诈情节显著轻微，保险合同解除情形下的民事责任。在情节显著轻微，不涉及行政责任第二层级的情况下，保险公司不承担赔偿且不将保险费退回，如果由于投保人的欺诈行为使得保险公司存在损失应予赔偿。

（二）商业医疗保险欺诈的防范

一是健全完善法律法规体系，从民事责任、行政责任、刑事责任的角度立足欺诈行为的本质进行完善。

完善民事责任应以商业医疗保险欺诈的违法性质为基础，重点制裁违反法律义务的恶意行为，区别于一般违约行为，强化解除条款及其后果，明确赔偿责任范围，要求对于保险公司的合理合法损失进行赔偿，扩大民事责任范围，明确不履行如实告知义务的行为即保险欺诈。同时在主体的范围中，将协助投保人进行欺诈的医疗工作人员以及专业从事此方面指点的人员均囊括在内，使保险欺诈的成本升高，从源头上防范这种行为的发生。

在行政规则认定严重不足、处罚混乱的情况下，立法应当明确行政责任认定规则，充分考虑被保险人及中介机构挪用医疗保险待遇的数额、主观方面、客观行为和社会影响，应建立包括公安机关、保险监管部门和卫生行政部门在内的综合行政执法体系，以提高行政义务的执行水平。

刑事方面，鉴于《刑法》修改的严肃性和对各类保险违法行为进行制裁的需要，建议充分考虑商业医疗保险环境的安全需求，结合现有法律规定和司法案例，出台适当的司法解释，以完善商业医疗保险欺诈的刑事定罪。

二是建立保险行业及跨行业的反欺诈联动体系。信息飞速发展的今天，在建立反保险欺诈的联动体系上，大数据的体系适用必不可少。保险行业协会作为反保险欺诈的带头机构，应联合包括公安部门和司法机关在内，完善并深化案件的联合监督与办理，提升打击欺诈行为的威慑力，增加违法成本，将违法行为记入征信档案。加强对医疗保险索赔单证的审核和对被保险人医疗情况的调查，提高对医疗保险欺诈行为的识别能力，真正使理赔工作做到主动、迅速、准确、合理。[①] 加强信息的交流与共享，使得商业医疗保险的“黄牛”无缝可钻。另外，保险行业须建立起覆盖各险种业务信息的数据管理体系，进一步规范反欺诈数据采集工作，提升行业反欺诈信息化水平，增强反欺诈信息系统效能，从而有效应对和防范保险欺诈风险。[②]

---

① 参见刘国雄：《浅谈我国商业医疗保险的发展趋势及建议》，载《经济问题探索》2002 年第 10 期。

② 参见李玉泉、乔石：《大金融背景下保险欺诈的新特征和风险防范路径》，载《保险研究》2021 年第 4 期。

公司担保行为效力制度的反思与构建

王焕悟*

摘要：《公司法》第15条规定了公司对外担保的决议程序，违反该程序会产生越权代表问题，现行法将判断标准转为对相对人主观状态的认定。这既是为了实现公司担保意思与行为的一致，也是为了弥补公司治理混乱的负面影响。在判断相对人善意标准时，应当区分公司决议瑕疵种类，区分关联担保和非关联担保，结合相对人审查能力个案判断。应当明确相对人非善意的法律后果，不应由其过分承担交易成本。应当构建维护公司担保行为平稳运营的“体”和“用”，增强公司担保行为的要式性，同时完善法定代表人制度。

关键词：公司担保　越权担保　善意相对人　法定代表人

《公司法》第15条规定了公司转投资和对外提供担保的决议程序，然而关于公司担保的规定引发了实践争议，如何认定公司决议程序瑕疵对公司担保行为效力的影响，成为争议焦点。《全国法院民商事审判工作会议纪要》（以下简称《九民纪要》）和《最高人民法院关于适用〈中华人民共和国民法典〉有关担保制度的解释》（以下简称《担保制度解释》）出台后，有学者认为其已经明确“代表权限制说”作为解释路径，①《公司法》第15条是对法定代表人代表权的

* 中国政法大学民商经济法学院博士研究生。

① 参见高圣平：《论相对人审查义务视角下的公司担保决议——基于〈民法典〉实施之后的裁判分歧的展开和分析》，载《法制与社会发展》2022年第6期。

限制，公司决议程序存在瑕疵时，适用越权代表的规定。[①] 即债权人构成善意相对人时，担保行为构成表见代表，对公司发生效力，反之公司不承担担保责任。

然而，前述规定并未消弭争议。就担保行为效力而言，相对人的善意标准存有争议；相对人不构成善意时，担保行为归于无效还是效力待定尚不明确；担保行为无效后的责任分配难以认定。究其根源，《公司法》第15条的目的是通过分权制衡限制法定代表人权力，保护公司财产，将该项交易成本（或交易风险）强加给债权人，存在利益不平衡的问题，[②] 具有不可持续性。本文将反思公司担保行为效力判断标准的变化，分析公司担保行为效力体系，并试图构建公司担保制度平稳运行的新路径。

一、公司担保行为法律效力的判断标准转向和原因

《公司法》第15条是公司内部决议程序性规范，没有提及公司对外担保行为的法律效力。从《九民纪要》出台前的实证研究中可以看出，多数法院在判断公司担保行为效力时，并未考虑决议程序，而是以商事外观主义为导向，认为交易安全大于对公司的保护。大多数裁判观点认为，相对人不负担对公司决议的审查义务。[③] 然而《九民纪要》出台后，公司担保行为的法律效力判断标准转向，其转向的内涵和原因都值得探讨。

（一）效力判断标准的变化释明

判断公司担保行为的法律效力以明确《公司法》第15条的规范性质为前提，存在两种解释路径。一是区分效力性规范和管理性规范，以该条款为依据直接认

---

① 参见《九民纪要》第17条的规定、《担保制度解释》第7条的规定。

② 有学者从经济分析角度提出，应当将公司法定代表人越权担保行为看作一种事故，能够避免事故、降低风险的成本分担者应当同时包括公司和债权人。参见李志刚、李靖、王志诚等：《公司对外担保无效之赔偿责任》，载《人民司法（应用）》2020年第19期。

③ 在458份公司越权担保合同效力认定样本中，87.77%的案例认为有效，91.05%的案例认为交易相对人不负审查义务。参见李游：《公司担保中交易相对人合理的审查义务——基于458份裁判文书的分析》，载《政治与法律》2018年第5期。

定担保行为效力；二是区分内部法律关系和外部法律关系，以该条款认定公司内部的法定代表人是否具有代表权，再以民法规范认定无权代表所为担保行为的法律效力。[①]

对于前一种解释路径，通说认为《公司法》属于组织法范畴，是公司治理应当遵守的规则，调整公司内部的法律关系。担保行为系公司与外部人实施的法律行为，不受《公司法》第15条直接调整，因而该条款与担保行为的效力无关，无所谓效力性或管理性规范的区分。[②] 后一种解释路径得到了《九民纪要》和《担保制度解释》的肯认，《担保制度解释》第7条规定可以参照适用《民法典》第61条、第504条关于法定代表人越权代表的法律效力的规定，[③] 除非相对人知道或应当知道越权行为，否则构成表见代表，担保行为对公司发生效力。由于《公司法》第15条规定公司担保行为应当通过公司决议程序，法院倾向于认定该条款构成对法定代表人代表权的法定限制，不属于公司章程或公司决议的限制，因而可以对抗相对人。

由公司担保行为效力判断标准的变动引发的具体变化有两点：其一，相对人应当知道的标准变化。所谓应当知道，指相对人负有交易时的审查义务，未履行相应的注意义务，不能认定构成善意。[④] 与此前司法判决中普遍采纳的担保合同上“有时任法定代表人的签字和公章”，相对人就构成善意的观点不同，《九民纪要》和《担保制度解释》重新解释了《民法典》第504条规定的善意，增加了相对人的作为义务，相对人应当知道法定代表人没有提供担保的代表权，进而要求其审查公司决议。其二，举证责任变化。相对人应当知道的举证责任应当由公司承担，因为相对人是公司外部人，想要获知公司对法定代表人的限制殊为不

---

① 参见申惠文主编：《民法典担保制度司法解释适用指南》，法律出版社2021年版，第49-51页。

② 参见施天涛：《〈公司法〉第16条的规范目的：如何解读、如何适用?》，载《现代法学》2019年第3期。

③ 《担保制度解释》第7条第1款规定：“公司的法定代表人违反公司法关于公司对外担保决议程序的规定，超越权限代表公司与相对人订立担保合同，人民法院应当依照民法典第六十一条和第五百零四条等规定处理……”

④ 参见中国审判理论研究会民事专业委员会编著：《民法典合同编条文解释与司法适用》，法律出版社2020年版，第78页。

易，由相对人承担该部分交易成本有失公允。[①] 但是，随着相对人作为义务的法定化，未尽到作为义务被认为存在过错，无法构成善意相对人。相应地，举证责任转移到相对人一方，其应当提供证据证明审查了公司决议。

上述两种变化将公司担保行为效力的判断转化为了对善意第三人的认定，增加了相对人的交易成本，学界普遍认为存在正当性基础。首先，法律具有公开性和普适性，[②] 相对人没有理由不知道法定代表人没有对外担保的权限，就应当审查是否得到授权，否则难称善意。[③] 其次，相对人进行形式审查的成本相对较小，但能够避免公司治理失败导致的巨大损失。[④] 最后，相对人作为债权人，能够通过获得债权担保增加债权实现的可能性，因而可能恶意忽视法定代表人欠缺代表权的事实，与公司订立担保合同。该种出于恶意的行为难以通过事后查明，为了实现事前防范，应当由相对人履行一定的审查义务。[⑤] 但是，公司对外担保行为是公司和债权人的双方法律行为，如果只要求债权人善意，那么公司在缔约过程中的注意义务无从体现。进一步而言，《公司法》第 15 条是否应当构成公司对外担保行为的限制，双方分担交易成本？实践问题应当在理论根源中寻求答案，表面原因是公司意思表示的特殊性，相对人可以探寻公司进行担保的真实意思；深层原因是法定代表人制度的积弊，法定代表人代表权难以制约成为公司治理的难题。

（二）问题产生的理论根源

1. 表面原因：公司意思表示的特殊性

公司作为传统的社团法人，通过股东会决议和董事会决议决定内部事项。关

---

① 参见王利明主编：《中国民法典释评·合同编通则》，中国人民大学出版社 2020 年版，第 285-286 页。

② 参见甘培忠、马丽艳：《公司对外担保制度的规范逻辑解析——从〈公司法〉第 16 条属性认识展开》，载《法律适用》2021 年第 3 期。

③ 参见高圣平：《公司担保相关法律问题研究》，载《中国法学》2013 年第 2 期。

④ 参见尚法、李志刚、蒋大兴等：《未经决议的公司担保：合同效力与解释路径》，载《人民司法（应用）》2016 年第 31 期。

⑤ 参见李游：《公司担保中交易相对人合理的审查义务——基于 458 份裁判文书的分析》，载《政治与法律》2018 年第 5 期。

于决议行为的性质存在两种观点，包括意思形成说和多方法律行为说，[①] 后者虽有争议，但决议行为是公司意思形成机制的观点得到普遍认同。[②] 决议行为并不具有对外效力，决议行为的效力仅约束公司内部人，通过公司代表或代理机制形成对外的意思表示，从而构建与外部人的法律关系。深究公司法律行为的形成过程，决议行为产生的是效果意思和表示意思，公司代表人或代理人才能进行表示行为，存在两者的异步可能。公司意思表示的特殊性冲击了传统民法理论。一方面，公司的意思不再是“内在的、看不见的过程”，而是存在决议作为意思载体；另一方面，公司的意思与表示的一致性不再必然，甚至存在普遍不一致的问题，公司担保行为表现得尤为突出。[③]

《公司法》第 15 条将意思形成和表示行为区分，意思形成权力表现为决策权，表示行为权力表现为代表权或代理权。该条款通过强制性的结构性规则（尽管在封闭公司中结构性规则是强制性、补充性，而非任意性的），将公司非关联担保的决策权交给股东会或董事会，将关联担保的决策权交给股东会。那么，维持担保行为的意思与表示一致的责任应当归属何方呢？首先，在法律行为理论中，意思表示的形成不必要求效果意思与表示行为必然一致，这是对交易相对人的保护。[④] 即使存在公司担保作为非常规活动的特殊性，相对人应当提高注意义务标准，也不应全部承担维护担保行为意思与表示相一致的责任。其次，《民法典》第 61 条第 2 款明确规定，法定代表人是公司的代表机构。[⑤] 在我国商事实践中，法定代表人甚至被视为公司的化身，法定代表人的代表行为效果归属公司是顺理成章的。既然存在担保行为的意思与表示不一致的风险，是公司治理风险，

---

① 参见马更新：《公司担保中决议形成程序与合同效力认定间牵连关系探析》，载《法学杂志》2020 年第 6 期。

② 参见王雷：《论我国民法典中决议行为与合同行为的区分》，载《法商研究》2018 年第 5 期；李永军：《从〈民法总则〉第 143 条评我国法律行为规范体系的缺失》，载《比较法研究》2019 年第 1 期。

③ 参见［德］维尔纳·弗卢梅：《法律行为论》，迟颖译，法律出版社 2013 年版，第 57-58 页。

④ 参见［德］维尔纳·弗卢梅：《法律行为论》，迟颖译，法律出版社 2013 年版，第 56 页。

⑤ 《民法典》第 61 条第 2 款规定：“法定代表人以法人名义从事的民事活动，其法律后果由法人承受。”

理应通过内部监督或外部监督的方式解决，例如，对违反《公司法》第15条规定的法定代表人课以相应的责任，甚至是行政责任。[①] 但我国法律并未作如是解释，而是将内部成本外部化，深层原因是现行公司制度难以制约法定代表人。

2. 深层原因：法定代表人制度的积弊

我国法定代表人正在经历从公司决策和执行的“集权者”向公司意思的“表示者”过渡的阶段,[②]。尽管《公司法》规定了组织机构之间的制约平衡机制，但对于法定代表人的约束很少，加之旧有“厂长负责制”的制度惯性，法定代表人容易无视公司法、公司章程对其权限的限制。[③]《公司法》第10条将法定代表人的选任范围进一步扩展至公司董事，但仍有未解决的问题。例如，第一，法定代表人的职权不明。法定代表人看似没有明确的职权，但由于兼任董事（或董事长）或经理，往往实际掌握着公司内部的管理权，原本董事会作为公司执行和决策机构的职权被虚化。[④] 第二，法定代表人的代表权垄断。我国公司的意思表示路径单一，虽然《民法典》第170条规定了职务代理规则，但由于公司登记内容法定，难以通过登记公示效力确定职务代理人的职权范围，相对人善意外观的构建取决于职务代理人提供的证明，即委托代理合同。[⑤] 但是要确定证明效力，相对人仍以公司公章和法定代表人签字为效力判断依据。法定代表人掌握公司公章时，就实际垄断公司代表权。第三，法定代表人的责任泛化。法定代表人承担的责任主要来自公法，行政责任或刑事责任较重，但《公司法》对法定代表人应当对公司承担何种义务并未明确规定。虽然法定代表人通常兼任公司高级管理人员，但前者作为公司的表意机关，与后者所承担的信义义务及其责任应当有所区分。

正是由于上述问题的存在，公司担保行为中意思与表示不一致的风险时常出现，这并非担保制度本身的问题，而是公司表意机制的内在问题，是表意机制与

---

① 参见钱玉林：《公司法第16条的规范意义》，载《法学研究》2011年第6期；施天涛：《〈公司法〉第16条的规范目的：如何解读、如何适用?》，载《现代法学》2019年第3期。

② 参见梁开银：《我国公司法定代表人规则的重塑》，载《法商研究》2023年第1期。

③ 参见柳经纬：《“斩不断、理还乱”的法定代表人制——评〈公司法〉第十三条关于法定代表人的新规定》，载《河南省政法管理干部学院学报》2006年第4期。

④ 参见赵旭东：《中国公司治理制度的困境与出路》，载《现代法学》2021年第2期。

⑤ 参见冉克平：《论商事职务代理及其体系构造》，载《法商研究》2021年第1期。

公司意思形成机制衔接不良的表现。[①] 在难以对法定代表人制度进行彻底完善的前提下，只能对后续的担保行为进行规制，将保护公司财产和中小股东的责任加于债权人，是特殊阶段的权宜之计。然而，以相对人善意判断公司担保行为效力的做法，始终伴随着公司利益与债权人利益的衡量，所以需要深入探讨相对人善意标准的具体内涵和相对人“非善意”的法律后果。

二、公司担保行为中相对人的善意标准

既然相对人的主观心态成为担保行为效力的决定性因素，其善意标准成为热点问题。两项因素可能影响相对人构成善意的具体标准：其一，公司决议瑕疵种类；其二，关联担保和非关联担保。

（一）区分公司决议瑕疵种类

根据《公司法》第 25 条至第 27 条的规定，我国公司决议瑕疵采“三分法”。公司决议瑕疵会导致法定代表人的代表行为丧失代表权基础，不同的担保决议瑕疵下，善意相对人的作为义务存在不同。

第一，决议不成立。根据《公司法》第 27 条的规定，公司决议不成立表现为没有决议或决议的参与人员、表决权比例不符合法律或章程要求。此时应当区分法律和章程的规定，《公司法》第 15 条第 1 款将非关联担保的表决主体和担保数额交由公司通过章程规定，其具体内容需要相对人查阅章程才能得知。此时，善意相对人的作为义务是否包括查阅公司章程，并探究公司决议是否符合公司章程规定，存在不同观点。一种观点认为，《民法典》第 61 条第 3 款排除了章程对相对人的约束效力，相对人查阅公司章程存在显示困难，因而不应苛责相对人。[②] 另一种观点认为，《公司法》第 15 条第 1 款构成对公司担保行为主体的限

① 参见刘斌：《公司治理视域下公司表意机制之检讨》，载《中国政法大学学报》2021 年第 2 期。

② 参见施天涛：《〈公司法〉第 16 条的规范目的：如何解读、如何适用?》，载《现代法学》2019 年第 3 期；马更新：《公司担保中决议形成程序与合同效力认定间牵连关系探析》，载《法学杂志》2020 年第 6 期。

制，这种限制是法定限制，属于重要的决议内容，相对人负有审查义务。①

《九民纪要》第 18 条认为，相对人的审查义务包括确认公司担保决议符合公司章程的规定，《担保制度解释》第 7 条并未明确规定，而是将审查义务限定为合理审查，善意的标准交由法官进行个案判断。实践中，法院往往依据相对人身份，结合相对人的审查能力，判断审查义务的具体内容。出于对公司的保护，并结合实践中不同债权人存在审查能力差异的实际情况，将审查义务与注意义务统一的做法是合理的。②

第二，决议无效。《公司法》第 25 条规定，公司决议内容违反法律、行政法规的无效，然而根据《公司法》第 28 条第 2 款的规定，公司决议确认无效后，善意相对人仍然能够得到保护。公司决议作为法律行为，认定其无效应当符合《民法典》第 153 条、第 154 条规定的条件，但问题在于决议无效是法律对决议行为的规范评价。对此，有观点认为，决议无效是规范评价内容，相对人不负审查义务。③ 相反观点认为，《公司法》第 28 条第 2 款中的善意相对人应当保持完全善意，即不知道公司决议存在无效事由，才能得到保护。但该问题的规范意义存疑，公司决议行为与其授权进行的对外担保行为，在内容上往往是同一的，甚至实践中可能会先草拟担保合同，再提交公司股东会或董事会进行审议。如果公司决议的内容因违反效力性强制性规定而归于无效，公司担保行为的规范效力显然不应有异。

第三，决议撤销。根据《公司法》第 26 条第 1 款的规定，公司决议内容违反章程，或程序违法的，可以撤销。对此存在三种不同的观点。一种以《九民纪要》为代表，认为决议程序违法或担保金额超过限制，不应归于相对人的审查范

① 参见楼秋然：《公司对外担保的理论与实践——规范定性、善意认定与缺省决策机关》，载《汕头大学学报（人文社会科学版）》2017 年第 6 期；彭钰栋：《从决议的法律行为属性论公司对外担保》，载《西部法学评论》2019 年第 5 期。

② 参见甘培忠、马丽艳：《公司对外担保制度的规范逻辑解析——从〈公司法〉第 16 条属性认识展开》，载《法律适用》2021 年第 3 期。

③ 参见施天涛：《〈公司法〉第 16 条的规范目的：如何解读、如何适用?》，载《现代法学》2019 年第 3 期。

围。另一种认为，相对人应当审查公司决议的内容和程序是否违反公司章程。[①]最后一种认为，相对人应当审查公司决议的内容是否违反公司章程，但无须关注决议程序的瑕疵。[②]

对此，应当注意公司决议无效和可撤销之间的区别，公司决议无效是确定无效、自始无效，而公司决议可撤销存在较大的回转余地。一方面，公司决议未撤销之前仍具有法律效力，如果始终没有权利人要求撤销公司决议，可撤销的公司决议仍可作为法定代表人代表权的权力基础；另一方面，《公司法》第 26 条第 1 款规定了裁量驳回制度，公司决议程序轻微违法且无实质影响的，不会被撤销。应当区分可撤销公司决议的具体瑕疵内容，如果决议内容违反公司章程，应当区分相对人身份，结合审查能力确认善意标准。如果决议程序违法，强求相对人承担审查义务并无必要。

（二）区分关联担保和非关联担保

在非关联担保中，相对人的审查义务集中于对决议的合理审查，专业相对人应当进行审慎审查，尽到较高的注意义务，一般相对人限于形式审查，尽到一般注意义务。在关联担保中，有学者认为相对人的审查义务应当高于非关联担保，[③] 主要体现为公司为实际控制人提供担保的情形。

《公司法》第 15 条第 2 款规定的关联担保中，包括公司对股东和实际控制人提供担保，结合《公司法》第 265 条的规定，[④] 实际控制人可能通过投资关系、协议等方式控制公司。有学者认为相对人进行尽职调查，通过投资关系识别实际

---

① 参见高圣平：《再论公司法定代表人越权担保的法律效力》，载《现代法学》2021 年第 6 期。

② 参见高圣平：《论相对人审查义务视角下的公司担保决议——基于〈民法典〉实施之后的裁判分歧的展开和分析》，载《法制与社会发展》2022 年第 6 期。

③ 参见吴越、宋雨：《公司担保合同中善意相对人认定标准研究——基于〈民法总则〉对〈合同法〉50 条之扬弃》，载《社会科学研究》2018 年第 5 期。

④ 《公司法》第 265 条第 3 项规定："实际控制人，是指通过投资关系、协议或者其他安排，能够实际支配公司行为的人。"

控制人。[①] 然而相对人承担识别实际控制人的审查义务的法律依据并不明确，《九民纪要》和《担保制度解释》将审查义务对象规定为公司决议，如果公司决议内容与法律规定、公司章程相符，相对人进一步对公司进行调查显然违背常理。债权人的注意义务应当存在合理界限，不能一味要求债权人为保护公司和中小股东利益承担交易成本。

三、公司担保行为中相对人非善意的后果

《九民纪要》和《担保制度解释》规定的善意相对人标准较高，是理想化、毫无恶意的主观状态。其同时规定“相对人知道或应当知道决议系伪造、编造”的恶意标准，此时相对人出于恶意从事担保行为，完全不值得保护。但是，在善意标准和恶意标准之间存有中间地带，担保行为效力既不能归属公司，由相对人单独承担合同无效的风险也不公平，应当明确公司担保行为中相对人非善意的法律后果。

（一）公司担保行为无效或效力待定之辩

《九民纪要》和《担保制度解释》对相对人非善意的法律后果作了不同规定，根据《九民纪要》第 17 条的规定，债权人非善意的，合同无效。根据《担保制度解释》第 7 条的规定，相对人非善意，担保行为对公司不发生效力。效力待定观点认为，相对人非善意时，不值得保护，法定代表人的行为构成无权代表。但是《民法典》并未规定无权代表的效力，应当参照适用无权代理的规定，根据《民法典》第 171 条第 1 款的规定，无权代理行为没有经过被代理人追认的，效力待定。[②] 无效观点认为，代理行为和代表行为差异巨大，法定代表人和公司之间的关系更密切，交由公司选择是否追认可能产生投机心理，为公司带来

---

① 参见高圣平：《论相对人审查义务视角下的公司担保决议——基于〈民法典〉实施之后的裁判分歧的展开和分析》，载《法制与社会发展》2022 年第 6 期。

② 参见王利明：《合同法研究》（第 1 卷），中国人民大学出版社 2002 年版，第 626-627 页；李游：《公司担保中交易相对人合理的审查义务——基于 458 份裁判文书的分析》，载《政治与法律》2018 年第 5 期。

更多被动担保债务。[①]

此时应当考虑两方面因素。第一，公司的意思自治。公司的法定代表人越权代表时，公司的意思与表示不一致，表现为缺乏意思，徒有表示行为。如果公司的有权机构重新作出决议，补正意思，实现了意思与表示的一致，仍为意思自治的本意。因而应当允许公司在特定情况下进行追认，不应一概认定相对人非善意时，担保行为无效。第二，相对人的主观心态。相对人是恶意的，完全不值得保护，公司可以自由选择是否追认，与美国担保法对公司期待利益保护的做法类似。[②] 相对人的主观心态虽然不构成善意，但也并非恶意时，相对人虽然没有尽到审查义务，存在过错，但该过错并不应当由其全部承担。公司对内治理的失败同样存在过错，应当承担相应的责任，因而不应由公司选择是否追认，而是认定公司担保行为归于无效。

（二）公司过错和赔偿责任认定

相对人非善意时，公司担保行为可能归于无效，《九民纪要》第 20 条规定了非恶意相对人有请求公司赔偿的权利，《担保制度解释》也有可以参照适用担保人存在过错的规定。在越权担保中，公司是否普遍存在过错，《担保制度解释》中的“参照适用”或可说明其态度，即无法认定公司是否存在过错，但出于利益平衡的考量，将法定代表人的过错视为公司的过错。

法定代表人实施越权代表行为，公司存在过错，不能完全排除公司的责任。首先，法定代表人是由公司章程规定的，系公司权力机关选任。如果法定代表人不能胜任或存在违法行为，显然公司存在选任不明的失察过错。其次，选任过错难以证明时，还可以采用法定代表人过错被公司吸收的解释进路。《公司法》第 11 条第 3 款规定，法定代表人因执行职务造成他人损害的，由公司承担民事责任。该条款是对公司侵权责任的规定，但可以类推适用于缔约过失责任。法定代

① 参见甘培忠、马丽艳：《公司对外担保制度的规范逻辑解析——从〈公司法〉第 16 条属性认识展开》，载《法律适用》2021 年第 3 期。

② 参见李游：《公司担保中交易相对人合理的审查义务——基于 458 份裁判文书的分析》，载《政治与法律》2018 年第 5 期。

表人以公司名义实施担保行为时，虽然超越职权范围，但从外观来看，仍是与公司活动相关的事项。基于对相对人的保护，我国通说采取“客观说”，可以认定法定代表人在执行职务。此时，法人应当承担无过错责任，赔偿相对人的损失，法定代表人的过错被公司吸收，无须单独证明公司存在过错。最后，从《公司法》第15条的规范目的出发，公司承担部分责任符合风险承担的合理性。《公司法》第15条并非对债权人的保护，而是对公司治理的约束，由相对人承担对公司担保行为合法性的审查已经存在内部成本外部化的问题。在相对人未能尽到审查义务，但不构成恶意时，完全由其承担合同无效后的损失，显然承担了超过自身过错的责任，不符合过错责任原则。

四、公司担保制度平稳运行的“体”和“用”

现行制度改变了认定公司担保行为效力的标准，转向探知相对人主观心态，以相对人是否善意作为担保行为是否发生效力的依据。然而实践中纠纷仍然层出不穷。为了解决实践中的问题，笔者认为，应当构建公司担保制度平稳运行的“体”和“用”，为解燃眉之急，应当平衡交易成本，增强公司担保行为的要式性。从长远来看，完善法定代表人制度，实现公司表意机制和治理机制的良好衔接，是从根本上解决公司越权担保问题的途径。

（一）“用”：完善公司担保行为，增强要式性

既然公司担保行为超越了公司正常经营范畴，法定代表人的职权受到限制，那么法定代表人越权代表时不应当被评价为职务行为，而是其个人行为。只有当法定代表人主动提供符合法律规定的公司决议时，相对人才能够认为其在从事职务行为。可考虑引入英美法上的“正当生意规则”，不属于公司日常经营范围的活动，不属于正常生意，代表人无权签署协议。①

然而，关于对公司决议的信赖如何形成，应当具有更为统一的标准，可以参考我国对于上市公司监管的规定。中国证监会等四部门发布的《上市公司监管指

① 参见朱锦清：《公司法学》，清华大学出版社2019年版，第253页。

引第 8 号——上市公司资金往来、对外担保的监管要求》第 12 条规定，上市公司对外担保的公司决议，必须依法披露。[①] 以披露的形式获得了公信力，从而实现对公司和相对人的双重保护。我国可以构建针对非上市公司的公司担保决议备案系统，并提供必要的形式审查，以确保该决议真实存在，从而形成公司担保决议的公信力。此后，相对人的审查义务应当限于对备案系统登记信息进行形式审查，尽到合理审查义务后，就构成善意。

（二）“体”：完善法定代表人制度，分权制衡

利用技术完善公司担保制度，只能降低公司和债权人的交易成本，公司的法定单一自然人代表制致使法定代表人与公司人格难以区分，造成了职权泛化的问题，[②] 产生了诸多纠纷，越权代表问题是重中之重。为了完善旧有法定代表人制度，《公司法》第 10 条第 1 款增加了法定代表人的选任范围，规定执行公司事务的董事和经理均可担任法定代表人。新的立法动态表明法定代表人制度正在变革，多元化倾向在强化。

笔者认为，此后应当进一步完善公司的代表制度。首先，应当完善代表权公示制度。《公司法》没有明确法定代表人的代表权范围，法定代表人的代表权不仅是概括性的，而且是不可任意限制的。[③] 根据《最高人民法院关于适用〈中华人民共和国民法典〉合同编通则若干问题的解释》第 20 条的规定，只有法律、行政法规对法定代表人的代表权作出的限制，具有公示性，相对人负有审查决议的义务。公司章程或权力机构决议对法定代表人的限制，因其无从被相对人获知，所以相对人不负审查义务。此时，公司意思形成和表意机制之间存在脱节。公司虽然对法定代表人的代表权进行了限制，但是，由于法定代表人和相对人之

① 《上市公司监管指引第 8 号——上市公司资金往来、对外担保的监管要求》第 12 条规定：“上市公司董事会或者股东大会审议批准的对外担保，必须在证券交易所的网站和符合中国证监会规定条件的媒体及时披露，披露的内容包括董事会或者股东大会决议、截止信息披露日上市公司及其控股子公司对外担保总额、上市公司对控股子公司提供担保的总额。”

② 参见梁开银：《我国公司法定代表人规则的重塑》，载《法商研究》2023 年第 1 期。

③ 参见徐强胜：《公司治理结构中的法定代表人》，载《国家检察官学院学报》2023 年第 6 期。

间的信息不对称，善意相对人的信赖利益需要保护，公司利益也不容忽视。因而，应当完善代表权公示制度，公司章程和权力机构决议中对法定代表人代表权的限制，应当通过企业信息公示系统公开，弥补相对人的信息不足，实现公司和相对人的利益平衡。

其次，破除代表权垄断。一方面，法定代表人不能取代董事会的决策机构地位，应当以董事会为中心，而非以董事长或某一代表公司执行事务的董事为中心。可以用集体代表制或机构代表制取代法定代表人制度，从而实现代表权的分权和制衡。① 另一方面，在代表制之外，完善适用于公司法的职权代理制度，并同样给予登记公示，以弱化法定代表人与公司之间的人格牵连。

最后，明确法定代表人责任。《公司法》第11条第3款明确，法定代表人因执行职务造成他人损失，且存在过错时，应当承担责任。在认定过错时，不仅应当考虑公司的董事、高级管理人员应尽的忠实义务和勤勉义务，还应当明确法定代表人在行使代表权时，应尽的注意义务。相较于前者，后者在程度上应当更高。

五、结论

《九民纪要》和《担保制度解释》出台后，公司担保行为效力的认定不再取决于公司是否作出相应的担保决议，而在于相对人是否构成善意，并获得表见代表制度的保护。该做法造成原有担保行为效力判断的转向，其表面原因是公司意思表示具有特殊性，相对人应当负有审查公司意思与行为相一致的注意义务。深层原因是相对人被迫承担部分交易成本。

基于对问题本质的理解，相对人的善意标准不应过高。在决议不成立时，应当区分交易相对人的身份，根据审查能力判断善意标准。在决议可撤销时，相对人不承担审查公司决议程序瑕疵的义务。考虑相对人非善意的法律后果，应当明确其非恶意时，担保行为无效，其不应承担过高的交易成本。为了维护担保制度平稳运行，应当进行相应的完善，“用”是建立公司担保决议备案系统，利用技术手段降低交易成本。“体”是完善法定代表人制度。

---

① 参见梁开银：《我国公司法定代表人规则的重塑》，载《法商研究》2023年第1期。

学会巡礼

xue hui xun li

聚焦数据法律问题，推动商业法治发展

——中国商业法研究会2023年年会综述

中国商业法研究会秘书处

2023年10月21日，中国商业法研究会2023年年会暨“数据与商业法治的发展”学术研讨会在广西壮族自治区南宁市召开。本次会议由中国商业法研究会和广西民族大学主办，广西商法研究会等单位承办，人民法院出版社《数字法治》编辑部等单位协办。来自北京大学、清华大学、浙江大学、复旦大学、中国人民大学、中国政法大学、国家法官学院等单位共300余位专家学者及实务工作者线下参会。会议深入学习了党的二十大精神和习近平法治思想，围绕“数据权益与交易”“数据监管”“个人信息保护”“数据与反垄断”“数据与法制”等主题进行深入交流和研讨。

中国法学会副会长陈甦在致辞中指出，党的十八大以来，习近平总书记多次就数字中国建设作出重要论述。总书记在党的二十大报告中强调要“加快发展数字经济，促进数字经济和实体经济深度融合，打造具有国际竞争力的数字产业集群”①。总书记关于数字经济和实体经济关系的重要论述，深刻揭示了数字经济

① 习近平：《高举中国特色社会主义伟大旗帜 为全面建设社会主义现代化国家而团结奋斗——在中国共产党第二十次全国代表大会上的报告》（2022年10月16日），人民出版社2022年版，第30页。

发展的内在规律和运行机制，科学回答了在中国式现代化进程中如何实现数字经济和实体经济同频共振、深度融合这一重大时代课题，为深入推动发展数字经济的理论创新和实践创新提供了根本遵循。法治具有固根本、稳预期、利长远的保障作用，为数字经济高质量发展装好“法治引擎”，是实现数字经济从“有没有”转向“好不好”的应有之义，是构建高水平社会主义市场经济的重要基石。中国商业法研究会举办这次会议并以“数据与商业法治的发展”为主题，契合了改革与法治、发展与法治、建设与法治的中国式现代化理念与新时代精神。

中国商业法研究会会长、北京大学法学院教授甘培忠在致辞中指出，在数字经济时代，数据被认为是土地、劳动、资本和技术之外的第五大生产要素。2023年中共中央、国务院印发的《数字中国建设整体布局规划》中提出“畅通数据资源大循环”“加快建立数据产权制度”“积极参与数据跨境流动等相关国际规则构建”等要求。在数据经济蓬勃发展的背景下，商业法治必须紧跟时代步伐，积极适应新形势、新需求，不断提高法律服务的质量和水平。因此，我国仍需要在法律制度建设、政策引导、技术标准等方面加强研究，推动数据与商业法治的有机结合。

一、数据权益保护相关问题

关于数据商业化利用的私法保护问题，广西民族大学法学院院长蒋慧教授认为，数据兼具财产与人身的双重属性。在商业化利用过程中公法对数据的保护具有局限性，一些行政措施在实践应用过程中偏离其预设目标与运行轨道，实际上难以达到风险预防效果。因此，需要私法规范在微观上对数据商业化利用过程中各方利益的分配予以明确，弥补数据商业化利用过程中公法规范的不足。对于数据商业化利用的私法保护，其提出三项建议：第一，应设立标准进行分级分类确权授权，聚焦商业数据在流转交易过程中的本身状态进行分级和分类，以实现规范化管理。第二，应建立完善各方主体利益分配机制，明确数据提供方、收集方及其他第三方的权利义务关系，平衡多方主体之间的利益关系。第三，在具体的规则适用上，要做好分层的商业数据保护法律适用层级体系。

关于中国概念股（以下简称中概股）企业数据跨境流动的安全边界问题，

北京市金杜法律研究院院长欧阳振远认为，目前中概股主体在美国上市引起的数据跨境流动存在内容涉密、聚合衍生两类数据安全风险，受到美国证券信息披露制度与我国数据出境安全制度的双向监管。现阶段，美国监管机制导致中概股企业数据单向出境流动，建立和完善我国数据跨境流动的安全风险防控机制刻不容缓。中美之间审计监管管辖权重叠，中方信息保密要求与美方投资者保护需求存在矛盾，使得中概股企业数据跨境流动面临困局。中美审计监管合作协议虽然为中美对共同监管范围内的会计师事务所开展日常检查和执法合作建立了监管合作机制，但无法彻底消解中美监管龃龉，对合作协议的履行尚存数据跨境流动安全风险。对此，其提出三项政策建议：一是提升监管机构协作水平以前置性地化解风险；二是健全对已出境数据风险演化情况的跟进机制；三是采用差异化监管方式评估中概股数据出境安全风险。

关于数据权利保护问题，中国政法大学信托法研究中心主任赵廉慧教授提出三项建议：第一，从消极权利角度思考如何保障数据权利不被侵害，从积极权利角度思考如何构建权利体系；第二，构建数据权利体系，从大数据权利和具体数据权利角度深入研究数据权利分类；第三，就数据信托论在构建数据权利方面的契合点，思考构建数据权利体系。

二、数字经济监管相关问题

关于数字证券的监管逻辑，中国法学会证券法学研究会会长郭锋教授认为，从数字证券领域创新和监管的关系来看，监管者面临着金融创新的包容与规避潜在金融风险之间平衡的难题，并需要考量国家层面的创新力竞争问题。国际上对数字证券监管主要有鼓励型、宽容型、禁止型三种模式。针对我国数字证券的监管逻辑可以从以下方面考量：第一，借鉴美国的监管做法，出台一系列措施明确具体监管路径，对是否属于证券进行穿透分析，并将数字资产证券发行和交易平台纳入注册管理。第二，将数字证券纳入《证券法》规制，基于“实质重于形式”的原则界定数字证券的证券属性，并逐步纳入《证券法》规制的范围。第三，在不违背《证券法》基本原则与精神前提下，可以从法律依据、证券市场运行豁免注册的先例、数字证券交易平台设计等角度考虑数字证券的豁免注册制度。

关于平台经济反垄断规制的路径选择，中国社会科学院大学法学院副教授谭袁认为，行为规制路径面临诸多困境。欧盟和美国分别引入“守门人”制度和“涵盖平台”制度，对达到特定“身份”的平台直接规定特定的义务。我国也准备引入类似制度。从行为规制到身份规制的转变，在解决传统规制困境的同时，也将产生新的问题。我国并不具有引入身份规制的实践和制度基础。行为规制与身份规制并非一种对立与割裂的关系，各自都具有规制的比较优势。可以构建从身份规制到行为规制的连续规制模式，实现规制的融合。

关于我国虚拟货币的“禁止式”监管问题，华东政法大学经济法学院特聘副研究员柯达认为，针对以比特币为代表的无担保型虚拟货币，禁止式监管符合行政法上的比例原则。但随着虚拟货币市场的结构性转变，特别是稳定币的发展、域外鼓励发展以及跨境监管协作的强化，我国采取的禁止式监管逐渐不符合目的正当性原则，也难以实现最小侵害效果。对此，其提出三项监管建议：一是保留“原则性禁止”监管立场；二是允许适格主体从事人民币稳定币等特定虚拟货币类型的业务活动；三是构建相应的常态化监管机制。

三、人工智能相关问题

中国政法大学民商经济法学院教授管晓峰从人文主义视角探讨了人工智能监管问题。现代社会在立法、执法、司法层面更应注重人文主义关怀，进而实现各方利益的平衡。人工智能是社会快速发展的产物，虽然对经济发展有巨大促进作用，但也需警惕人工智能可能导致两种问题：一是社会财富快速聚集后出现的“马太效应”和社会资源整体分配不均；二是因“监管俘获”而使法律成为某些互联网商业巨头的“大厂规则”。其认为，人工智能对社会所产生的积极作用和消极作用可以在人文主义的指引下，通过法律予以平衡。一方面，人文主义能够强化对劳动者权益的保障，让自然人与机器之间达到劳动分工平衡；另一方面，秉持人文主义意味着对市场份额进行合理规制，通过反垄断手段防止某些领域经营者一家独大。

关于数字化征信的算法公平问题，华东政法大学经济法学院副教授何颖指出，征信业已进入数字征信时代。从全球来看，算法自动化决策在信用评价领域已得到广泛应用。但是基于算法技术发展出现的替代性信用评分行业毁誉参半，产生了算法不公等诸多新问题，对金融公平与金融风险防范提出了新的挑战。对此，其提出征信立法需加快对人工智能算法的规制，具体可遵循事前预防、事中监督、事后问责的框架进行信用评分算法规则的构建。

关于人工智能生成内容原创性认定问题，四川省社会科学院《当代社会科学（英文）》副主编蓝冰认为，当前人工智能生成内容原创性认定存在立法与司法的双重困境：在立法层面，人工智能作品原创性认定与著作权法存在冲突，特别是以人类创作活动为核心而构建的传统著作权法理论体系对于人工智能作品原创性定义与标准模糊不清，难以适用；在司法实务中，人工智能作品原创性鲜有得到法院支持。关于人工智能作品原创性认定标准，应当明确“超越简单模仿”与“司法保护效益”标准，并拓展对人工智能生成内容进行原创性认定的解释空间。

四、个人信息权利相关问题

中国政法大学民商经济法学院教授王涌认为，隐私权与个人信息的差异性需要在学理上进行细致甄别。隐私权的设立重在保护私人生活安宁以及不愿为他人知晓的私密空间、私密活动、私密信息，而个人信息保护则重在防止能够识别个人身份的信息被非法获取，二者存在竞合可能，但私密信息与隐私不能直接等同。

兰州大学法学院博士研究生马丽艳认为，《个人信息保护法》为信息主体设定了旨在终止信息处理活动的拒绝自由。信息主体的拒绝自由源于数字人权理念，既凸显了保护人格权益的价值理性，也发挥着平衡数字权利格局的工具效能。由于信息数据的双重属性和信息自决边界的客观存在，信息主体的拒绝自由具有被动性和防御性特征，其实现进路有赖于信息处理者妥善履行其义务或职责。

五、商业法新领域相关问题

北京大学法学院教授邓峰对“高标准市场”背后的经济和法律理论进行了检讨。在法律理论层面，传统被认为作为市场经济基础的民商法实际上是基于“看不见的手”这一经济学范式，尽管有着“放管服”的努力，但仅有交易各方的“合同自由”而缺乏各类市场基础设施，显然无法满足高标准市场的要求。法律理论的局限在公司法、金融监管、产业监管、反垄断法等商业法的各个领域中都有比较明显的体现。公司法显然不能局限于“鼓励设立公司”的口号或债权人利益保护的旋涡，而应将资本市场的发展作为根本标准。在反垄断的分析中，“黑市”的存在也无法兼容于传统法律理论中的“市场”观念，“陌生人交易”的假定其实也并不适用于彼此竞争的平台企业。在产业监管中，如果存在“高标准市场”的理论支持，产业监管的核心就应当从“市场准入”转移至“提供基础设施”“解释标准合同”。因此，未来应进一步深化对高标准市场背后法律与经济理论的认识。

关于网络平台账号作价出资问题，中央财经大学法学院副教授周游与硕士研究生马健淇认为，在数字经济时代，以网络平台账号等新型非货币财产作价出资的案例屡见不鲜，这对以权利归属为依托并设置强制评估的规则及其理念产生了较大冲击。其提出三项建议：一是非货币财产出资规则需在理念及立法目的上回归企业家精神的价值导向；二是尽可能拓宽股东以非货币财产出资的类型选择权及定价权；三是强化股东及其他相关主体的资本充实责任。

闭幕式由中国商业法研究会副会长兼秘书长、北京大学法学院教授彭冰主持，六个分论坛先后进行总结报告。河北师范大学法政与公共管理学院院长赵德勇作为2024年中国商业法年会承办单位进行表态发言，中国商业法研究会会长、北京大学法学院教授甘培忠做闭幕致辞。会上，甘培忠对联合主办单位广西民族大学，承办单位广西商法研究会、广西民族大学法学院、广西民族大学民族法与区域治理研究协同创新中心，协办单位人民法院出版社《数字法治》编辑部、广西东方意远律师事务所、广西品尚集团对本次年会的大力支持表示感谢，并对大会主题和发言人的主要观点进行全面概括。他强调，我们要坚持在习近平法治思想指引下开展学术研究和法律实践，坚持在中国法学会的领导下更好发挥研究会团结联系商业法领域法学法律工作者的积极作用，希望大家能在数据领域继续深耕，推进理论与实践的法治创新。

在全党全国各族人民深入学习贯彻党的二十大精神，贯彻落实习近平总书记关于发展数字经济的重要论述，立足新发展阶段之际，中国商业法研究会2023年年会顺利召开并取得丰硕成果，将有利于促进数据法学和商业法治领域研究成果的深入交流，为促进我国数据领域法治进步作出积极贡献。

《商业法评论》注释体例

1. 标题为黑体加粗，三号；正文为宋体，小四号，行间距为固定值 20 磅；作者信息的标注方式为：一作者＊，二作者＊＊。

2. 文中注释一律采用页下脚注，每页独立注码，引注符号使用带圆圈的阿拉伯数字，样式为等；如本文受到基金资助，以脚注形式标注于文章标题后。

3. 引注符号的位置。对全句的引用，引注符号置于句号、问号等标点之后。对句子部分内容的引用，引注符号置于该部分之后；对句中字词的直接引用，引注符号应当紧接引号，置于其他标点之前。

4. 引领词使用，非直接引用原文时，注释前使用“参见”引领；直接引用原文时，不加“参见”及任何引领词；引用非原始资料时，即并未找到原初文献并予以核实，只是转引他人的，请注明“转引自”；文章来源于期刊、报纸、网络以及来源于独立作品组成的文集，文献来源前标注“载”。

5. 请规范数字用法，包括正文在内非直接引用法条的序号用阿拉伯数字。

6. 鉴于网络信息易失效、来源真实性不易查证等特点，建议慎重引用网络资料。

7. 注释及参考文献范例

（1）专著

中文示例 1：《马克思恩格斯选集》（第 4 卷），人民出版社 1972 年版，第 24 页。

中文示例 2：龙卫球：《网络信息法：基础与前沿问题》，中国法制出版社 2022 年版，第 3-4 页。

英文示例：Lon L. Fuller, *The Morality of Law*, (New York: Yale University Press, 1969), p. 143.

（2）编著作品

中文示例 1：佟柔主编：《中国民法》，法律出版社 1990 年版，第 67 页。

中文示例 2：王利明主编：《民法》（第 8 版上册），中国人民大学出版社 2020 年版，第 20 页。

英文示例：Robert J. Beck, Anthony Clark Arend and Robert D. Vander Lugt (eds.), *International Rules: Approaches from International Law and International Relations* (New York: Oxford University Press, 1996).

（3）期刊

中文示例：王利明：《数据的民法保护》，载《数字法治》2023 年第 1 期。

英文示例：Charles A. Reich, “ The New Property, ”*Yale Law Journal* 733, No. 73(1964): 737-738.

（4）章、节或者文集中的文章

中文示例：龚祥瑞：《比较宪法学的研究方法》，载《比较宪法研究论文集》第1集，南京大学出版社1993年版，第3页。

英文示例：Glenn Gould, “Streisand as Schwarzkopf, ” in *The Glenn Gould Reader*, ed. Tim Page (New York: Vintage, 1984), p. 310.

（5）译作

中文示例1：［古希腊］亚里士多德：《政治学》，吴寿彭译，商务印书馆1983年版，第54页。

中文示例2：［英］科林·斯科特：《规制、治理与法律：前沿问题研究》，安永康译，宋华琳校，清华大学出版社2018年版，第79-80页。

英文示例：Richmond Lattimore trans/eds., *The Iliad of Homer*(Chicago: University of Chicago Press, 1951).

（6）报纸和大众杂志中的文章

中文示例：龙飞：《大数据时代纠纷解决模式之变革》，载《人民法院报》2016年11月2日，第8版。

英文示例：Daniel Mendelsohn, “ But Enough about Me, ” New Yorker, January 25, 2010, p. 68.

（7）数字出版物、网页文章等

中文示例1：郑成思：《“入世”、知识产权保护与民商法的现代化》，载中国法学网，http://www.iolaw.org.cn/showNews.asp?id=243，访问日期：2017年4月29日。

中文示例2：任容庆：《借名买房执行异议诉讼中的价值衡量与规范选择》，载微信公众号“判解研究编辑部”，2021年2月27日上传。

英文示例：Stephen McDonell, “When China Began Streaming Trials Online, ” *BBC NEWS* , September. 30, 2016, accessed February 2, 2020, https://www.bbc.com./news/blogs-china-blog-37515399.

（8）学位论文

中文示例：徐周鹏：《论无权代理人对相对人赔偿责任的范围》，博士学位论文，吉林大学法学院，2023，第13页。

英文示例：Mihwa Choi, “Contesting Imaginaires in Death Rituals during the Northern Song Dynasty” (PhD diss., University of Chicago, 2008).

（9）会议论文

中文示例：姜明安：《新时代中国行政法学的转型与使命》，中国法学会行政法学研究会2018年年会论文，西安，第16页。

英文示例：Rachel Adelman, "'Such Stuff as Dreams Are Made On'：God's Footstool in the Aramaic Targumim and Midrashic Tradition" (paper presented at the annual meeting for the Society of Biblical Literature, New Orleans, Louisiana, November 21-24, 2009).

（10）德语类

①专著

Bernd Rüthers/Christian Fischer/Axel Birk: Rechtstheorie mit Juristischer Methodenlehre, 10. Aufl., München 2018, S. 56.

②文集文章

Ville Erkkilä: Rechtsgewissen: Conscience in History and in Legal Science, in: The Conceptual Change of Conscience: Franz Wieacker and German Legal Historiography 1933-1968, Tübingen 2009, S. 177 - 280.

③杂志文章

Alexander Somek: Zwei Welten der Rechtslehre und die Philosophie des Rechts, JuristenZeitung 2016, S. 481.

（11）英文以外的外文文种：西文体例比照英文，日文体例比照中文。